青少年思想政治教育读本

青少年应知晓的英雄楷模

马 楠 张 博 编著

吉林人民出版社

图书在版编目(CIP)数据

青少年应知晓的英雄楷模 / 马楠, 张博编著. -- 长
春 : 吉林人民出版社, 2012.5
(青少年思想政治教育读本)
ISBN 978-7-206-09035-6

Ⅰ.①青… Ⅱ.①马… ②张… Ⅲ.①英雄–生平事
迹–世界–青年读物②英雄–生平事迹–世界–少年读物
Ⅳ.①K811-49

中国版本图书馆 CIP 数据核字(2012)第 113472 号

青少年应知晓的英雄楷模

QINGSHAONIAN YING ZHIXIAO DE YINGXIONG KAIMO

编　著：马　楠　张　博
责任编辑：门雄甲　　　　　　　封面设计：七　洱
吉林人民出版社出版 发行 (长春市人民大街 7548 号　邮政编码：130022)
印　　刷：北京一鑫印务有限责任公司
开　　本：710mm×960mm　1/16
印　　张：13.5　　　　　　　字　　数：160千字
标准书号：ISBN 978-7-206-09035-6
版　　次：2012 年 5 月第 1 版　　印　　次：2023 年 6 月第 3 次印刷
定　　价：48.00 元

目录 CONTENTS 1

第一编 烽火忠魂

目录

CONTENTS

2

第二编　建设楷模

目录

CONTENTS

3

第一编 **DI YI BIAN**
烽火忠魂

华侨旗帜——陈嘉庚

陈嘉庚，生于1874年10月21日，福建同安县集美社人（现厦门市集美区），南洋著名华侨企业家，著名的爱国华侨领袖、企业家、教育家、慈善家、社会活动家。他为辛亥革命、民族教育、抗日战争、解放战争、新中国的建设作出了卓越的贡献。他在福建与新加坡创办多间学校，包括中国近代教育史上第一所华侨创办的大学，厦门大学。今天的集美大学亦是陈嘉庚创办的集美学校师范部发展而成。集美中学、翔安一中、翔安同民医院等，也均由陈嘉庚创办。他生前曾被毛泽东誉为"华侨旗帜、民族光辉"。

陈嘉庚他的父亲陈杞柏早年下南洋谋生，在新加坡经营"顺安号"米店。陈嘉庚17岁也来到父亲的店中学习经营管理，20岁回福建完婚，后又在家乡读书一年，22岁时再次到新加坡管理米店。1905年春天，由于米店歇业，陈嘉庚便开始自立门户，走上了创业的道路。他首先开设了"新利川黄梨厂"（生产菠萝罐头），后又继承"日新公司"（生产菠萝罐头），仅经营了三个月，便获利丰厚。当年夏天，他又开设了"谦益号"米店。不久，由于看到其他华侨陈齐贤、林文庆等人在橡胶业上取得了成功，便决定经营橡胶种植业。1910年代，陈嘉庚与另一企业家余东旋一同大力发展橡胶事业，成为当时马来西亚最富有的两位华侨。经过20年的发展，到1925年，陈嘉庚已是当地华侨中最大的橡胶种植者之一。同时，他也开设了橡胶产品的制造厂。陈嘉庚的产业中三大支柱为橡胶园、生胶厂和胶品制造厂。另外，他还经营菠萝罐头、冰糖、肥皂、药品、皮革等等十余种产业。他的销售网点遍布东南亚各大城市以及香港、上海、厦门、广州等地。1923年到1925年间，是陈嘉庚公司发展的鼎盛时期，其经济势力称霸整个马来半岛。

尽管陈嘉庚已是称霸南洋的大实业家，但他的个人生活却十分简朴。他的个人自传中写道，"我之个人家庭，年不过数千元，逐月薪水足以抵过。在集美建一住宅，不上一万元，他无所有"。但是他极具公益心，尤其对于兴办教育，非常热心。早在1913年，他就在家乡创办小学，1918年又创办师范学校，并设立中学，附设男女小学和幼儿园。随着他的企业的兴旺发展，他又继续在集美开办水产航海学校，商业学校，农林学校，幼儿师范等，同时也设立了科学馆，图书馆和医院等，使集美成为了系统完整的学村。

陈嘉庚捐资办学的高峰是在1921年。他痛感福建文化教育的落后和人才的匮乏，便决定投资100万元创办厦门大学。所有办学费用由他一人承担，包括大学的经营费用300万元，也由他分12年支付。对于厦门大学，他付出了满腔的心血，从聘请校长和教员，到校舍的选址设计施工，他四处奔走，呕心沥血，使厦门大学成为当时中国国内的知名高校。

在新加坡，陈嘉庚对于当地华侨子女的教育也非常热心，1919年创办了规模宏大的"新加坡南洋华侨中学"，现名华侨中学（新加坡），是当时南洋地区华侨的最高学府。在抗日战争结束后，他又创办水产航海学校，南侨师范和南侨女中等学校。当时有教会请陈嘉庚捐款10万元创办一所大学，陈嘉庚慨然答应，但提出要以兼设中文课程为条件。

陈嘉庚一生所捐献的教育经费，总值在1 000万元以上，相当于他拥有的全部不动产。有人估计，如果他在当时买黄金，估计在1981年时的价值已达到1亿美元左右。陈嘉庚在给集美学校的一封信中这样写道："教育不振则实业不兴，国民之生计日绌，……言念及此，良可悲也。吾国今处列强肘腋之下，成败存亡，千钧一发，自非急起力追，难逃天演之淘汰。鄙人所以奔走海外，茹苦含辛数十年，身家性命之利害得失，举不足撄吾念，独于兴学一事，不惜牺牲金钱，竭殚心力而为之，终日孜孜无敢逸豫者，正为此耳。"这封信件充分说明了他对于中国教育和崛起的深远见解。

成长于郑成功抗清复明故垒的陈嘉庚一生具有强烈的爱国情怀，他积极支持中国的革命活动。他结识了孙中山，在1910年加入同盟会并积极支持孙中山的革命活动。辛亥革命后，陈嘉庚担任福建"保安会"会长，筹款支援福建，稳定了当地局势。

陈嘉庚对于文化事业，也是积极支持。他支援了范长江、夏衍等人主办的"国际新闻社"和《华商报》等，还汇款支持邹韬奋复办《大众生活》周刊。

1928年中国济南惨案发生后，南洋华侨掀起了声势浩大的声援运动，陈嘉庚担任"山东惨祸筹赈会"主席，积极筹款救济难民，还发起抵制日货运动。1937年抗日战争全面爆发，南洋华侨筹赈祖国难民总会（简称"南侨总会"）在新加坡成立，陈嘉庚被推选为主席。他自己带头捐款，还组织各类活动。仅1939年一年，南洋华侨就向祖国汇款3.6亿多元，从卢沟桥事变到太平洋战争爆发的4年半期间，共计捐款约15亿元，极大地支援了中国的抗日力量。

陈嘉庚还坚持抗日到底，针对汪精卫等人的妥协方案，在"国民参政会"第二次大会上提出"敌未出国土前，言和即汉奸"的著名提案，对于当时重庆的主战派起着很大的鼓舞作用。

1940年，66岁的陈嘉庚还亲自率领慰问团回中国访问，他参观了重庆、延安等地。1941年，日军占领新加坡，陈嘉庚被迫辗转到印尼等地避难，由于得到华侨的掩护，得以安全地渡过3年多恐怖时期。在此期间，陈嘉庚在没有任何资料可供参考的情况下，凭着惊人的记忆力，详尽地描述了自己40多年的人生经历，即《南侨回忆录》。

1946年国共内战爆发后，陈嘉庚反对美国援助蒋介石，以南侨总会主席名义致电美国总统和国会表示抗议，并且抵制蒋介石召开的国民大会，指出蒋介石"一夫独裁，遂不惜媚外卖国以巩固地位，消灭异己，较之石敬瑭、秦桧、吴三桂、汪精卫诸贼，有过而无不及"。

1949年5月，陈嘉庚应毛泽东的邀请，回国参加中国人民政治协商会议筹备会议，当年9月，以华侨首席代表身份参加中国人民政治协商会议。10月1日，在天安门城楼参加了中华人民共和国开国大典。

晚年的陈嘉庚，请人在鳌园刻录"台湾省全图"，念念不忘国家统一！1961年8月12日，陈嘉庚病逝于北京，享年87岁。

小链接

陈嘉庚语录：

◎国家之富强，全在于国民，国民之发展，全在于教育，教育是立国之本。

◎民智不开，民心不齐，启迪民智，有助于革命，有助于救国，其理甚明。教育是千秋万代的事业，是提高国民文化水平的根本措施，不管什么时候都需要。

"民族魂"——鲁迅

　　周树人（1881年9月25日—1936年10月19日），字豫才，原名樟寿，字豫山、豫亭。以笔名鲁迅闻名于世。浙江绍兴人，20世纪中国重要作家，新文化运动的领导人、左翼文化运动的支持者。现代文学家、思想家、革命家。鲁迅的作品包括杂文、短篇小说、评论、散文、翻译作品，对于五四运动以后的中国文学产生了深刻的影响。

　　1881年9月25日（中国农历八月初三），鲁迅出生在中国浙江省绍兴府会稽县府城内东昌坊口（今属绍兴市越城区）的一个书香门第，名为周樟寿。他童年的生活场景，百草园、咸亨酒店、外婆家一带的农村等地，成为后来鲁迅的两部小说集《呐喊》《彷徨》和散文集《朝花夕拾》的重要素材来源。

　　鲁迅与周作人、郭沫若、郁达夫等著名作家都为留学日本派。1902年2月，21岁的鲁迅赴日本，先入东京弘文学院学习日语，2年后进入仙台医学专门学校（1912年改制东北大学医学部）学习现代医学。鲁迅选择学习现代医学，是因为父亲的病故造成他对中医产生了严重的怀疑。他是东北大学的第一位外国留学生，也是当时仙台唯一的中国留学生。

鲁迅在医校学习一年以后，便从学校退学。他本人在《藤野先生》一文中提及此事，称自己是因为受到一部日俄战争的纪录电影片里，中国人围观日军杀害中国人情节的刺激，认为"救国救民需先救思想"，于是弃医从文，希望用文学改造中国人的"国民劣根性"。

1909年，28岁的鲁迅从日本回到中国。1918年，37岁的周树人首次用"鲁迅"为笔名，在中国杂志《新青年》上发表中国现代文学史上第一篇用现代体式创作的短篇白话文小说《狂人日记》。1921年12月，他还生动地塑造了阿Q形象，发表中篇小说《阿Q正传》。鲁迅作品题材广泛，形式多样灵活，风格鲜明独特。在他55年的人生中，创作的作品，体裁涉及小说、杂文、散文、诗歌等。有《鲁迅全集》二十卷1 000余万字传世。一般认为，代表鲁迅最高文学成就的作品是散文诗集《野草》。

鲁迅文笔犀利、思想深刻，是"新文学"的奠基人。他的小说使用富有创造力的形式对中国人的国民性、中国社会的弊端予以深刻的阐释，是具有批判精神的知识分子；散文诗集《野草》被认为是当时少有的展现出现代主义特质的作品；其杂文，由于特殊的发表环境，在嬉笑怒骂的文字背后蕴含着坚定的政治立场。

鲁迅说他写作的目的，一是"为那些为中国的改革而'奔驰的猛士'，他们在寂寞中奋战，我有责任为他们呐喊，要给予他们哪怕是微弱的慰藉"。二是为那些"如我年轻时候似的正做着美梦的青年，正是因为他们，我'必须在作品中'处处给予一种不退走，不悲观，不绝望的诱导，而对自己内心深处的悲凉感有所扼制（何况我对于悲凉感本身也是持有怀疑态度的）"。三是他的敌人，鲁迅说，"我的敌人活得太愉快了，我干嘛要让他们那么愉快呢？我要像一个黑色魔鬼那样，站在他们面前，使他们感到他们的不圆满"。

1936年10月19日，鲁迅在上海因肺结核病去世，年55岁。上海民众为他举行了隆重的悼念活动。民众代表在其灵柩上覆盖写有"民族魂"的白旗。第一次从万国殡仪馆启灵时的抬棺人共12人，分为左右两排，最前面的两个是巴金、鹿地亘，后面依次为胡风、曹白；黄源、张天翼；靳以、姚克；吴朗西、周文；萧军、黎烈文。1956年，鲁迅墓迁移重建于上海虹口公园。

鲁迅的遗嘱共有7条，其中前几条交代丧事从简，第5条交代幼儿周海婴"倘无才能，可寻点小事情过活，万不可去做空头文学家或美术家"，第6条是对别人应许的事物不可当真，最后一条是万勿接近"损着别人的牙眼，却反对报复，主张宽容的人"。

鲁迅以笔为武器战斗一生，被誉为"民族魂"、现代文学的旗帜。毛泽东评价他是中华文化革命的主将。"横眉冷对千夫指，俯首甘为孺子牛"是他一生的写照。北京、上海、广州、厦门等地先后建立了鲁迅博物馆、纪念馆等。

 小链接 ······

鲁迅语录

◎哀其不幸，怒其不争。

◎横眉冷对千夫指，俯首甘为孺子牛。

◎无情未必真豪杰，怜子如何不丈夫。

◎"不耻最后"。即使慢，驰而不息，纵令落后，纵令

失败，但一定可以达到他所向往的目标。

工人运动的杰出领袖——苏兆征

苏兆征（1885年—1929年2月20日），广东香山县淇澳岛（今属珠海市唐家湾镇）人。中国共产党早期领导人，工人运动活动家，杰出的无产阶级革命家，香港海员大罢工、省港大罢工、广州起义的领导人。

苏兆征幼时因为家境困窘，只读过3年私塾，后辍学务农。1903年被迫离乡到香港，尽了艰辛的海员生活，深受帝国主义侵略压迫之苦，深感清廷腐败无能，从而激发起他强烈的反抗情绪。

1922年1月，苏兆征参加领导香港海员大罢工，任罢工总办事处总务部主任，后又任海员工会代理会长，这是香港3万多海员工人为了反抗英帝国主义的压迫，要求增加工资举行的大罢工。这次罢工，是全国工人运动高涨的第一个怒涛，经过56天的激烈斗争，罢工取得了胜利，推动了全国工人运动的发展。这次罢工充分表现了中国工人阶级强大的力量和彻底的革命精神，苏兆征的英名与这次罢工斗争的伟大业绩一起永载史册。

1925年3月，苏兆征作为广东海员代表，到北京参加国民会议促成会全国代表大会。该大会党组书记朱务善等介绍苏兆征加入中国共产党。同年5月，中国劳动组合书记部在广州召开第一次全国劳动大会，苏兆征作为中华海员工业联合总会的代表，出席了这次大会。大会通过了由他提出的关于《湖南劳工会黄、庞二君被杀及香港罢工沙田海员被杀案》的决议案。这次大会奠定了党统一领导工人运动的基础，推动了当时工人运动的高涨。他又于同年5月，在广州参加第二次全国劳动大会，当选为中华全国总工会执行委员会委员。

在1927年中共五大上，苏兆征当选为中央政治局候补委员；1927年"八七"会议上，被选为中央临时政治局委员，后又与瞿秋白、李维汉三人被选为临时政治局常委，12月广州起义时任广州工农民主政府主席。

1928年2月苏兆征参加在莫斯科举行的赤色职工国际第四次代表大会，当选为共产国际六大执行委员。1928年6月中共六大上，与向忠发、项英、周恩来、蔡和森共五人当选为中共中央政治局常委。

严酷的斗争环境，长期的忘我工作，苏兆征积劳成疾，于1929年2月25日病逝。在生命的最后一息，苏兆征仍然念念不忘组织群众进行斗争，对前去探望他的周恩来等人说："广大人民已无法生活下去，要革命，等待我们去组织起来。""大家同心合力，一致合作，达到革命的最后成功！"表现了他对革命事业必胜的信心。

1929年2月26日，中共中央政治局向全党发出了悼念苏兆征不幸逝世的通告。通告指出：苏兆征同志在工作中，充分表现了无产阶级的艰苦卓绝精神和坚决的政治意识，他的革命精神，是全党的模范。通告要求全党学习苏兆征的革命精神，向前奋斗。各地党组织通过各种方式举行悼念活动，纪念这位中国共产党的优秀党员和杰出的工人运动领导人。

巾帼英雄——贺英

贺英，女，1886年出生，湖南省桑植县人，原名贺民英，乳名香姑，她的弟弟就是我国伟大的无产阶级革命家贺龙。贺英活跃在湘西，配合红军，为建立根据地立下了汗马功劳。最后在与敌人的斗争中壮烈牺牲。

贺英的武艺十分高强，曾经只身深入一个土匪巢穴，生擒了匪首，从而收编了几百土匪。她性情豁达，嫉恶如仇，勇武胜于须眉，深受部下拥戴。1916年，她支持贺龙杀掉了桑植县大劣绅朱海珊，赶走知县陈慕功，推举慈利会党首领卓晓初出任桑植县长。1922年，贺英的丈夫谷绩廷被土著军阀陈渠珍派人诱杀。她拿起丈夫留下的枪，率领云景寨弟兄，抗官府、杀豪绅、防土匪、护穷人，开始了更加顽强的斗争。

1926年夏，贺龙率国民革命军第九军第一师自铜仁出师北伐时，贺英联络桑植县民军文南甫、李云清、刘玉阶等部进占桑植县城，赶走县长马策，驱逐驻军团长肖善堂，城内群众和各界人士大开城门，送"万民伞"，欢迎贺英进城。贺英部队纪律严明，进城后，城内秩序井然，民众安居乐业。

1927年初，贺英接贺龙信，同妹妹贺满姑一起到武汉小住。受大革命影响，贺龙决心搞一批武器回湘西坚持斗争，贺英离武汉前夕对贺龙说："国民党那帮人只顾升官发财，不要指望他们能干出什么好事来。""你只管大胆干，在外面不行就回湘西去，乡亲们会支持你的。"回家乡后，贺英积极组建武装，半月内即扩兵数百，声势益大。

1929年1月，鹤峰县苏维埃政权建立；次年春，红四军东下洪湖，贺英率游击队驻守桑鹤边割耳台，负责湘鄂边苏区部分军事领导工作，亲自安置红军伤病员和家属。9月，鹤峰县五里区农民协会领导人彭兴周叛变，在五里南村杀害县委特派员和鹤峰游击大队长等19人。贺英闻讯亲率鹤峰县游击大队姚伯超部，配合独立团前往五里平叛，恢复革命政权。12月，四川土著武装甘占元、张轩等部3 000余人，被四川军阀刘湘追击，进入鹤峰边境。贺英受湘鄂边鹤峰中心县委委派，到奇峰关争取甘占元加入红军，同时写信给贺龙通报甘部情况，又亲自率领游击队引导甘部向鹤峰五里坪地区转移，保证红二军团顺利收编甘部。

1933年5月5日深夜，团防覃福斋300多人由叛徒带领偷越大山，6日凌晨突然包围贺英游击队驻地洞长湾（属鹤峰太平乡），战斗中，贺英中弹壮烈牺牲，时年47岁。

革命者的光辉典范——李大钊

李大钊（1889年10月29日—1927年4月28日），字守常，河北乐亭人，中国共产党主要创立人之一，中国最早的马克思主义者和共产主义者之一。他不仅是我党早期卓越的领导人，而且是学识渊博、勇于开拓的著名学者，在中国共产主义运动和民族解放事业中，占有崇高的历史地位。

李大钊1913年8月于天津北洋法政专门学校毕业，在校期间与同学郭须静一起加入中国社会党，毕业后到北京参加中国社会党活动。同月中国社会党领袖陈翼龙被杀，社会党被查封，李大钊逃离北京，避难于家乡乐亭县的祥云岛，后得到天津绅士孙洪伊的资助，赴日本留学。

李大钊入早稻田大学政治科后，开始接触社会主义思想。1914年组织神州学会，进行反袁活动。次年为反对日本灭亡中国的"二十一条"，以留日学生总会名义发出《警告全国父老》通电，号召国人以"破釜沉舟之决心"誓死反抗。

李大钊1916年5月回中国，在北京创办《晨钟报》，任总编辑。

旋辞职，任《甲寅日刊》编辑，推动新文化运动的发展。1918年李大钊任北京大学图书馆主任，后任经济、历史等系教授，参与编辑《新青年》，并和陈独秀创办《每周评论》，推动了共产主义思想在国内的发展。

俄国十月社会主义革命的胜利极大地鼓舞和启发了李大钊，他先后发表了《法俄革命之比较观》《庶民的胜利》和《布尔什维主义的胜利》等文章和演说。他宣称："试看将来的环球，必是赤旗的世界！"1919年，他又发表了《新纪元》《我的马克思主义观》、《再论问题与主义》等几十篇宣传马克思主义的文章。

1920年3月，李大钊在北京大学发起组织马克思学说研究会。10月，在李大钊发起下，北京共产主义小组建立。1921年7月，中国共产党第一次全国代表大会召开，宣告中国共产党成立，从此中国革命的面貌为之一新。李大钊和陈独秀成为中国共产党的主要创始人。中国共产党成立后，李大钊负责党在北方的全面工作，并任中国劳动组合书记部北方区分部主任。在党的三大和四大上，李大钊都当选为中央委员。1922年到1924年初，李大钊频繁地奔走于大江南北，多次代表共产党与孙中山会谈，为建立革命统一战线呕心沥血，做了大量工作。

1924年1月，李大钊作为大会主席团五位成员之一，出席了国共合作的国民党第一次全国代表大会，被孙中山指定为大会主席团成员之一，参加大会宣言的起草等，为实现国共合作作出了重要贡献，当选为国民党中央执委会委员。此后，直接担负国共两党在北方的实际领导工作。在李大钊领导的中共北方区委组织和领导下，北方地区的反帝反封建斗争蓬蓬勃勃地开展起来了。1924年11月，北京开展声势浩大的支持孙中山北上、反对北洋军阀政府的斗争；1925年"五卅"运动爆发后，李大钊与赵世炎等人在北京组织5万余人的示威，有力地支持了上海人民的反帝斗争；1926年3月，李大钊在极端危险和困难的情况下，积极领导并亲自参加了北京反对帝国主义和北洋军阀的"三一八"运动，号召人们用五四的精神、五卅的热血，不分界限地联合起来，反抗帝国主义的联合进攻，反对军阀的卖国行为。李大钊的革命活动，遭到北洋军阀的仇视，他们下令通缉李大钊。1927年4月6日，奉系军阀张作霖勾结帝国主义，在北京逮捕李大钊等80人。在狱中，李大钊备受酷刑，但始终严守党的秘密，大义凛然，坚贞不屈。

1927年4月28日，军阀不顾广大人民群众和社会舆论的强烈反对和谴责，悍然将李大钊等20位革命者绞杀在西交民巷京师看守所内。李大钊第一个走上绞架，临刑前，李大钊慷慨激昂："不能因为反动派今天绞死了我，就绞死了伟大的共产主义，共产主义在中国必然得到光辉的胜利"。他高呼"共产党万岁!"从容就义,时年38岁。

李大钊牺牲后,1933年由党在白区的秘密组织将其安葬在万安公墓内。新中国建立后,为纪念李大钊同志,发扬他伟大的共产主义革命精神,在河北乐亭、北京等李大钊生活和战斗过的地方相继建立了李大钊的纪念馆。1983年10月,李大钊烈士陵园在北京万安公墓建成,并举行了隆重的落成典礼。

李大钊同志对中国人民的解放事业有着卓越的贡献,对马克思主义的信仰和对无产阶级革命前途无限忠诚让人崇敬。他在我国开创和发展共产主义运动中的大无畏献身精神,永远是一切革命者的光辉典范。李大钊同志和其他无数先烈光荣地倒下去了,但是他们的牺牲没有使中国革命停止,相反,中国革命在牺牲者的血泊中继续前进,直至获得伟大的胜利。作为中国人民的优秀儿子和伟大的无产阶级革命家,李大钊同志的业绩将永远受到中国人民的追怀和崇敬。

小链接 ···

李大钊语录

◎铁肩担道义，妙手著文章。

◎人生最高理想，在求达于真理。

◎知识是引导人生到光明与真实境界的灯烛。

英烈千秋——张自忠

张自忠（1891年8月11日—1940年5月16日），字荩忱，山东临清唐园村人，以中华民国上将衔陆军中将之职殉国，牺牲后追授为陆军二级上将军衔，著名抗日将领，民族英雄。他同时也是第二次世界大战中同盟国牺牲的最高将领。

1891年8月11日张自忠生于山东省临清县唐园村。张家为临清望族，其父张树桂（字冬荣）曾任江苏省赣榆县知县。张自忠6岁入私塾，后随父至江苏，由父亲教导。父亲过世后随母扶柩返回临清，1908年进入临清高等小学堂就读，1910年毕业后进入位于天津市的北洋法政学堂，1911年加入同盟会，并转入济南法政专门学校。

读书期间，张自忠目睹到中国处处被外国列强欺凌、国内陷入军阀混战、人民生活在水深火热之中，痛感国家不幸、民族多难，经过深思熟虑，张自忠毅然决定投笔从戎。选择从军的道路，也与张自忠对自己的认识有关。他体格魁梧强健，生性好动，浑身上下洋溢着英武刚毅之气，这种性格气质显然更适合于当兵，而不是做学问。张自忠后来谈及此事时曾说："我对于学习军事，比学习法律更有兴趣。"这表明，他对于自己的所长具有明确的认识。后来的事实证明，投笔从戎的决定成为张自忠一生成功的起点。不过，对他来说，几年的读书生活并没有白费，尤其是学习法律的经历，对于他后来的治军大有裨益。

1914年张自忠前往奉天（今沈阳），投效驻屯在新民屯的陆军第20师第39旅87团（车震团长），加入军籍。1916年，护国战争爆发，已升为旅长的车震率第39旅至湖南长沙以镇压护国军。当时湖南将军汤芗铭将第39旅扩编为湖南陆军第1师，由车震任师长，张自忠被委任为军官，任师部幕僚。但该师旋即被湖南护国军第1师击败，所部瓦解。

张自忠1917年入冯玉祥部，历任营长、团长、旅长、师长等职。投奔冯玉祥实际上是张自忠军旅生涯的真正开始。这时，他已经25岁。按常例，此时从军已为时太迟。就连年纪比他小的佟麟阁、刘汝明、冯治安、吉鸿昌等人，都已经参军多年，当了连长。但对于一个有抱负的人来说，最重要的不是站在什么位置上，而是他是否找到了正确的奋斗方向。冯玉祥部使张自忠真正得到了施展才华的用武之地和实现理想的奋斗舞台。在这里，他埋头苦干，发奋进取，开始了轰轰烈烈的创业。

为了增进初级军官的军事知识和技能，1918年9月冯玉祥在常德设立了军官教导团，以炮兵团团长鹿钟麟任团长。张自忠奉派进入教导团军官队深造。主要学习战术、率兵术、地形、兵器、兵史、筑城、简易测绘及典、范、令等。张自忠对军事的兴趣极为浓厚，故学习起来格外勤勉刻苦，加之他文化基础好，所以每次考试总是名列第一。鹿钟麟对他十分赏识，将他树为"标准学员"。冯玉祥也夸奖说："在教导团中，他非常勤奋，为人处世都极其真诚友爱，又能刻苦耐劳，这时便显出他未来一定是个将才。"

张自忠注重军纪、治军严厉的风格十分突出。遇有违反军纪者，他初则说服教育，再则严厉训斥，三则军棍伺候。正如士兵们在歌谣里所唱的："教你学好不学好，鸭嘴军棍挨上了。"后来，因张自忠对于违反军纪的官兵常说一句口头禅："看我扒不了你的皮！"于是，被官兵们冠以"张扒皮"的诨号，全军上下无人不晓。一首顺口溜说："石友三的鞭子，韩复榘的绳，梁冠英的扁担赛如龙，张自忠扒皮真无情！""张扒皮"的诨号使人误以为此公是个无情无义、粗暴蛮横的武夫，实则不然。张自忠爱兵如子，严中寓恩，深知"治兵先治心"的含义和"恩威并用"的运用之妙。以打军棍为例，张自忠并不是遇过即打，滥施棍杖，而是实行"八不打"，即：有病不打，盛气不打，盛暑不打，饭前不打，无恩不打，罚过不打，夯兵不打，不知不打。可见，张自忠对于如何使用军棍是十分讲究轻重分寸的。

1931年后张自忠任第29军第38师师长。1933年参加长城抗战，任喜峰口第29军前线总指挥，打退了日军，守住了阵地。全国抗战爆发后，张自忠先后任国民党军第59军军长、第33集团军总司令兼第五战区右翼兵团司令等职。1938年3月，日军进犯台儿庄，奉命率第59军急行军增援台儿庄作战，为整个战役胜利赢得了时间。

1939年12月张自忠率领右翼兵团参加冬季攻势。12月12日，随着张自忠一声令下，右翼兵团数万大军一齐向当面之敌发起猛烈攻势，枪炮在呼号的寒风中轰鸣，声震山河。这次全国性冬季攻势，是抗日战争期间正面战场国民党军发动的唯一一次战略性进攻战役。据统计，冬季攻势中第五战区歼敌30 804人，俘敌36名，是战绩最大的战区；而第五战区又以张自忠之右翼兵团战绩居首，歼敌1万余人。在后来召开的一次军事会议上，蒋介石说："冬季攻势以张自忠主持之襄东战场收获最为可贵，实为各战场之模范。"

1940年5月，中国军队与日军15万精锐部队在枣阳、襄阳、宜昌等地进行枣宜会战。张自忠亲自率领部队与敌寇决战。在部队被敌层层包围的不利态势下，他身先士卒、冲锋在前、力战不退，与敌寇拼死搏杀，最后壮烈殉国。弥留之际，他留下最后一句话："我力战而死，自问对国家、对民族、对长官可告无愧，良心平安。"

张自忠殉国当日，由38师师长黄维刚带领敢死队，端着轻机枪于16日夜间突袭南瓜店，奋勇抢回了张自忠的遗骸。张将军的尸骨运回后方后，经检视，张自忠身有八处伤口，其中炮弹伤二处，刺刀伤一处，枪弹伤五处。当灵柩经过宜昌时，全市下半旗，民众前往吊祭者超过十万人。全城笼罩在悲壮肃穆的气氛中。敌机在上空盘旋吼叫，却无一人躲避，无一人逃散。1940年5月28日晨，当灵柩运至重庆朝天门码头，蒋介石、冯玉祥等政府军政要员臂缀黑纱，肃立码头迎灵，并登轮绕棺致哀。蒋介石在船上"抚棺大恸"，令在场者无不动容。国民政府发布国葬令，颁发"荣字第一号"荣哀状。将张自忠牌位入祀忠烈祠，并列首位。28日下午，蒋介石与军政要员和各界群众在储奇门为张自忠举行了盛大隆重的祭奠仪式。气氛庄严，极尽哀荣。蒋介石亲自主祭，同时以军事委员会委员长的名义通电全军，表彰了张自忠一生的勋绩。随后，国民政府在重庆北碚雨台山为张自忠举行下葬仪式。蒋介石题词"勋烈常昭"，李宗仁题词"英风不泯"，冯玉祥题词"荩忱不死"。

小链接

张自忠语录

◎看最近之情况，敌人或再来碰一下钉子，只要敌来犯，兄即到河东与弟等共同去牺牲。国家到了如此地步，除我等为其死，毫无其他办法。更相信，只要我等能本此决心，我们国家及我五千年历史之民族，决不致于亡于区区三岛倭奴之手。为国家民族死之决心，海不清，石不烂，决不半点改变。

为信仰奋斗——萧楚女

萧楚女，原名树烈，又名萧秋，1891年出生于湖北省汉阳县鹦鹉洲。萧楚女是中国共产党优秀理论家，中国青年的良师益友，《中国青年杂志》的创始人之一。1927年4月15日，萧楚女在广州反革命政变中被逮捕，4月22日，牺牲于南京石头城监狱。

萧楚女少年时喜爱读诗书，性情豪爽刚直，深得亲朋喜爱。后来由于父亲经营的木材生意破产，家道中落，生活所迫，萧楚女只好到茶馆去当"跑堂"，在长江轮上当伙夫，还做过报童和散工，在困境中，他继续刻苦磨炼，勤奋自学，将中学的文理课本读完，还经常练习写文章。

辛亥革命前夕，萧楚女在高尚志统领的卫戍第一镇中当兵。1911年10月10日武昌起义爆发，萧随第一镇新军参加起义，作战勇敢。因协助炮兵开炮，震聋了一只耳朵。1915年，他担任《大汉报》编辑和《崇德报》主笔。由于文才横溢，下笔成章，被报馆同人誉为"打字机"。1919年五四运动后，他开始学习马列主义著作，参加了恽代英组织的"利群书社"。1920年9月，被聘为襄阳师范教员，讲授国文、物理、哲学等，并将"利群书社"改为"共存社"。

1921年秋，萧楚女到安徽省宣城第四师范任教，与挥代英一起开展青年运动。因从事进步活动，为顽固势力所不容，不久，离开宣城返武汉。1922年夏，萧楚女由恽代英、林育南介绍参加了中国共产党。之后，到四川任教，并与熊禹治等人创办重庆公学，但不久即遭反动势力禁止而停办。1923年，他到万县省立第四师范学校任教，发动学生抵制日货。这时政局变化，川军杨森打着拯救全川父老兄弟姐妹的旗号，由鄂回川，夺取政权，并聘萧楚女为秘书，但杨森言行不一，进川前许下的诺言，全部丢诸脑后，使萧楚女大失所望，不久便离去，回重庆就任四川省立第二女子师范学校教员，兼任《新蜀报》主笔。

1924年初，萧楚女返襄阳师范任教。不久往上海，协助恽代英编辑《新青年》，并为《向导》、《学生杂志》等刊物撰稿，同年8月，受党的委派再次入川，任中共中央驻四川特派员，领导成都、泸州、重庆三地的党团组织。1925年"五卅"运动爆发，萧楚女到上海，6月，以全国学联代表身份到南京指导工作，任《人权日报》主笔。同年，萧先后主编《中国青年》《中州评论》，与国家主义派、醒狮派和戴季陶主义进行了坚决斗争。

1926年1月，萧楚女来到大革命的中心广州，在国民党中央宣传部工作，任干事兼阅览室主任，协助毛泽东编辑《政治周报》。在广州期间，他经常到中山大学、青年训育养成所、劳动学院、政治讲习班等讲课。后来，被聘为全国农民运动委员会委员，任第六届农民运动讲习所专职教员。他遵照所长毛泽东制定的教学计划，与周恩来、彭湃、恽代英等教员互相配合，出色完成教学任务。他负责主讲《帝国主义》《中国民族运动史》和《社会问题与社会主义》等课，还经常指导学员讨论，阅读与解答学员提出的问题。虽然身患重病，住院治疗期间，亦在病床上扶笔答复学员提出的问题。他还带领学员到海陆丰去实习。农讲所结束后，萧楚女到黄埔军校任政治教官，兼军校特别党部宣传委员会的政治顾问，参加指导全校的政治工作，宣传马列主义。

萧楚女在农讲所任教期间，曾到国民党政治讲习班讲授《国际主义与民族问题》《社会主义》两个课题，到广东省国民党青年部办的青年训育养成所讲授《中国政治经济状况》《青年心理》等课程，还到中华全国总工会宣传教育委员会主办的劳动学院兼任讲师，讲授《中国政治经济状况》问题。他还到过国民党中央妇女部办的妇女运动讲习所和周恩来以军事委员会政治训练部名义开办的高级训练班，作精彩报告，为培养革命干部作出了贡献。

局势不断恶化，萧楚女忧愤交织，更加拼命工作。他原来患了多种疾病，由于劳累过度，病情日益恶化，以致不得不暂时停止工作，到广州东山医院留医。他进了医院后，局势急剧变化。1927年广州发生"四一五"反革命政变，在医院治病的萧楚女为反动派搜捕，被关押在南石头监狱。在狱中坚贞不屈，最后英勇牺牲。萧楚女等40多位共产党人在刑场上，大义凛然地高呼："打倒帝国主义！""打倒国民党！""中国共产党万岁！"等口号，英勇就义。

 小链接 ··

萧楚女语录

◎人生应该如蜡烛一样，从顶燃到底，一直都是光明的。

民族功臣——杨虎城

杨虎城（1893年11月26日—1949年9月6日），原名虎冬、忠祥，后更名虎城。陕西蒲城人。中国军事将领，西安事变的领导者之一。曾任中华民国中央监察委员、西北绥靖公署主任、17路军总指挥、陆军二级上将。

杨虎城1910年在家乡组织以打富济贫为宗旨的中秋会。1911年武昌起义爆发后，率会众参加陕西民军与清军作战。1912年投身于孙中山先生领导的辛亥革命运动。1915年率众参加陕西护国军，在华县、华阴等地截击袁世凯军。次年所部被编为陕西陆军第3混成团第1营，任营长。1917年参加护法战争，先后任陕西靖国军左翼军支队司令和第3路司令。1922年拒绝直系军阀收编，被迫率部由武功退入陕北。

1924年，杨虎城加入国民党，拥护孙中山的联俄、联共、扶助农工的三大政策。1924年北京政变后，任陕北国民军前敌总指挥，先后率部击败镇嵩军和陕西督办吴新田部。遂任国民军第3军第3师师长，聘共产党员在其举办的三民军官学校和所属部队任职。1926

年，与国民军第2军李虎臣等部联合坚守西安孤城达8个月之久，以不足1万兵力抗击7万镇嵩军，从战略上策应了北伐战争。

"四一二"反革命政变后，杨虎城拒绝在所部"清党"。1928年11月就任第二集团军暂编第21师师长。次年任新编第14师师长，驻防河南。先后参加蒋冯战争和蒋唐之战。1930年蒋冯阎战争中，相继任蒋军第7军军长、第17路军总指挥，率部攻击冯军。同年10月兼任陕西省政府主席。

1931年九一八事变后，杨虎城反对蒋介石的"攘外必先安内"政策，积极主张抗日。次年1月任西安绥靖公署主任。1933年杨虎城曾请缨抗日，遭冷遇。同年6月，所部与川北的中国工农红军第四方面军达成互不侵犯默契。1935年杨虎城任陕西绥靖公署主任，奉令调兵在陕南阻截红25军，遭到痛击。同年4月被授为陆军二级上将。

在中国共产党抗日民族统一战线政策影响下，杨虎城逐渐倾向联共抗日，反对蒋介石的"攘外必先安内"政策，并与东北军张学良消除隔阂，从而在抗日救国的基础上在西北形成红军、东北军、第17路军三方合作的局面。1936年12月杨虎城趁蒋介石亲临西安督逼东北军和第17路军"剿共"时，在与张学良多次向蒋进谏无效后，于12日同张发动兵谏（西安事变），扣留蒋介石，并以八项抗日救国主张通电全国。经中共中央派周恩来等参与谈判，与蒋达成停止内战、共同抗日的六项协议。杨虎城由此为蒋所忌恨。

1937年1月，杨虎城被南京国民党政府撤职留任。6月被迫出国"考察"，游历美、英、法、德等国，宣传抗日主张。卢沟桥事变抗战爆发后，多次向蒋介石发电，要求回国抗日，遭拒绝。1937年11月底杨虎城由法国回到香港，准备参加抗日工作。但随后被诱至南昌囚禁。在此以后的12年中，杨虎城一直被监禁，先后关押于湘、黔、川等地。1949年9月国民党兵败溃逃时，杨虎城被蒋介石下令杀害于四川重庆戴公祠。

西安事变是中国20世纪具有重大意义的历史事件。在国家、民族危难的紧要关头，在中国共产党抗日民族统一战线政策的影响和全国人民抗日救广运动的感召下，杨虎城将军出于民族大义和爱国赤诚，毅然发动兵谏，要求蒋介石停止内战，联共抗日。经过社会各界的共同努力，西安事变获得和平解决，从而基本结束了十年内战的局面，为促成以国共合作为基础的抗日民族统一战线和全面抗战创造了重要历史条件。杨虎城将军也因他崇高的爱国义举，被誉为"有大功于抗战事业"的中华民族的"千古功臣"。

传播真理的明灯——蔡和森

蔡和森，字润寰，曾用名蔡林彬，1895年出生于湖南湘乡县一个破落的小官吏家庭。幼时读私塾，13岁时因家中困难到堂兄开的店中当学徒，因长期遭欺压，从而萌发了反抗意识。16岁时他才入初等小学读书，因年龄大被周围嘲笑称为"太学生"。经他刻苦攻读，一个学期后便跳级进入高小。1913年，蔡和森来到长沙，考入铁路专门学校，后转入第一师范学校。在校内他读书到了废寝忘食的程度，以才学出众著称。

在一师学习时，通过阅读陈独秀主办的《新青年》，蔡和森树立了革命志向。1918年，他与毛泽东一起创办了新民学会。会内同仁当时评价说："林彬是思想家，润之是实践家。"1918年，蔡和森来到北京，组织留法勤工俭学，结识了李大钊并得到很多教益。他参加了五四运动后，于1919年末赴法国。在那里，蔡和森接受了科学共产主义，并向国内朋友写信提出要组织共产党。毛泽东接信后表示："你这一封信见地极当，我没有一个字不赞成。"

湖南学界名流、曾留学日本和英国十年的杨昌济教授的弟子满三湘认为，最好的学生是毛泽东、蔡和森二人，并说过："二子海内人才，前途远大。君不言救国则已，救国必先重二子。"蔡和森等一代学子，虽身无分文，却有胸怀天下之志，"指点江山，激扬文字，粪土当年万户侯"。他们由崇拜康有为，进而跟随孙中山，又曾信奉过日本的武者小路实笃的"新村主义"，最后选择了马克思主义。蔡和森及其友人的求学和思想探索过程，恰恰是追求革命思想以救国救民的典范。

在新民学会成员中，蔡和森最早走出湖南来到北京，又首创留学法国并带头成行。前往外国却为救中国，精神探索却为解物质困境，正是那一代"书生意气、挥斥方遒"的青年革命者的理想风貌。无论时代如何变化，蔡和森这一代人的精神应为后人所效法。

1921 年年底，蔡和森回国，在上海经陈独秀等介绍加入共产党，并于 1922 年中共二大上同妻子向警予一起当选中央委员。他长期主办中共机关刊物《向导》。1925 年，他作为中共驻共产国际代表团团长赴莫斯科。1927 年回国任中央宣传部长，在中共五大上被选为政治局委员。

在大革命失败的紧要关头，蔡和森支持毛泽东的意见，主张独立展开武装斗争。土地革命开始后，蔡和森长期在上海和莫斯科两地工作，因反对过"左"的政策，于 1928 年被撤销政治局委员和中央宣传部长之职。1931年年初，他从前苏联回国，提出想去江西苏区，但中央派他去恢复刚被破坏的广东省委。因广州已难立足，他在香港联络同志开展工作。

蔡和森自幼患有哮喘病，却在十多年中拖着虚弱之躯奋斗不息。据当年在中央机关工作过的老一代人回忆，当年与蔡和森共事，往往要为他难过。这位专心于理论思辨的才子身体一直很坏，经常边咳嗽边哮喘持续半夜，周围的人实难入睡。他生活又没有规律，看书写作着了迷，便忘了吃饭睡觉，思考问题时又习惯于在屋里来回踱步，邻居在夜间也总听到他那双破旧的皮鞋在地板上不住地作响。向警予后来与他分手，重要原因也在于生活习惯不合。

与他衰弱的体质相反，蔡和森遇事体现出坚强的性格。1931年春，他与再婚夫人李一纯到香港再建广东省委时，为节省党的开支，只在罐头公司上面租了一间小房当住处，没有在旁边另租办公房，每天拖着病体走很远的路，去秘书那里听汇报和看文件。

1931年6月间，原先负责中央保卫工作的叛徒顾顺章，带特务到香港，抓捕了蔡和森，并由港英当局将他引渡给广东军阀。在广州狱中，蔡和森受尽酷刑，坚贞不屈，最后，他的四肢被钉在墙上，敌人用刀把他的胸脯戳烂。他牺牲的日期已不知晓，殉难的惨烈也是很久后才打探出来的。

小链接

蔡和森语录

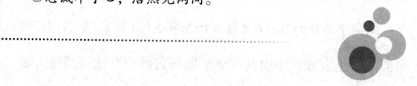

◎忠诚印寸心，浩然充两间。

妇女运动的先驱——向警予

向警予（1895年9月4日—1928年5月1日），原名向俊贤，湖南溆浦人，土家族。中国共产党早期著名的妇女运动领导人之一，也是中国妇女运动的先驱者。

向警予1912年以优秀成绩考入湖南省立第一女子师范学校，两年后转入周南女校，并将名字改为向警予，表示对封建势力的高度警惕和反抗。周南女校被人称为"女革命家的摇篮"，向警予在这里认识了蔡畅，并通过她结识了蔡和森和毛泽东。

1919年秋，向警予参加了毛泽东、蔡和森等创办的革命团体新民学会。同年10月向警予和蔡畅等组织湖南女子留法勤工俭学会，成为湖南女界勤工俭学运动的首创者。12月，向警予和蔡和森一起赴法勤工俭学。共同的理想信念使两人产生了爱情。1920年他们在法国蒙达尼举行了婚礼，结婚照是并肩坐着阅读《资本论》，表明对马克思主义的信仰是他们结合的思想基础。

1921年底向警予回国，1922年初加入中国共产党，开始领导中国最早的无产阶级妇女运动。她为党中央妇女部起草了《妇女运动决议案》等许多重要指导文件，发表了《中国最近妇女运动》《中国妇女宣传运动之新纪元》《妇女运动的基础》等大量论述妇女解放运动的文章，培养了大批妇女工作干部，在妇女解放运动史上作出了不可磨灭的贡献。1924年，向警予直接参加并出色领导了上海闸北丝厂和南洋烟厂的大罢工，罢工最终取得胜利。这两次罢工为迎接工人运动新高潮的到来做了思想上和组织上的准备。

1925年5月，向警予任中共中央妇女部主任，并当选为中共第四届中央局委员。"五卅"惨案发生后，向警予领导上海妇女界参加了这场反帝爱国斗争。她那学识渊博、言辞锋利、鼓舞人心的演讲，给人留下了深刻的印象。柳亚子曾赋诗一首，赞美这位挥洒自如的女革命家。

1925年10月，向警予赴莫斯科东方劳动者共产主义大学学习。1927年回国，在中共汉口市委宣传部和市总工会宣传部工作。大革命失败后，党的大部分领导同志先后转移，向警予主动要求留在武汉，坚持地下斗争。有的同志考虑到她在社会上影响很大，在严重白色恐怖笼罩下的武汉太危险，劝她离开武汉到上海去，向警予说：武汉三镇是我党重要的据点，许多重要负责同志牺牲了，我一离开，就是说我党在武汉失败了，这是对敌人的示弱，我决不能离开！同年10月，向警予担任中共湖北省委党报《大江报》主笔，撰写了许多短小精悍的文章，激励了广大党员和革命群众不屈不挠地进行斗争。

1928年3月20日，由于叛徒的出卖，向警予不幸被捕。敌人对她实施了严讯和逼供，但她始终坚贞不屈，严守党的秘密，严守共产党员的操守，表现了共产党人的浩然正气和崇高品格。敌人威胁说已经查明了她是共产党重要领袖，逼她招供。向警予凛然地说："要杀就杀！至于我是不是向警予，没有多大关系，横竖你们都是屠杀人民的刽子手！革命者不会在你们的屠刀下求生。等着吧，你们的末日，就在明天！"

敌人决定在5月1日这个全世界工人阶级的节日里杀害她。向警予视死如归，在走向刑场的路上，沿途向广大群众进行演讲。敌人对此极端恐惧，宪兵们殴打她，想使她不再说话，但她仍然坚持地讲下去。残酷的刽子手向她嘴里塞进石头，又用皮带缚住她的双颊，街上许多人看了都哭泣起来。向警予被押赴余记里空坪刑场，为中国人民的解放事业英勇牺牲。

1939年在延安纪念三八妇女节大会上，毛泽东在讲话中，高度评价了向警予的一生。他说："要学习大革命时代牺牲了的模范妇女领袖、女共产党员向警予。她为妇女解放、为劳动大众解放、为共产主义事业奋斗了一生。"

新中国成立后，党和人民在烈士家乡——湖南省溆浦县修建了向警予纪念馆，纪念这位党和人民的优秀女儿。向警予纪念馆由故居、生平事迹陈列室和纪念碑广场三部分组成。故居院内有"故居复原陈列"和"向警予手迹展览"，展出实物40多件和她学生时代的作文、日记、读书笔记以及从事革命活动撰写的文稿、书信30余件；生平事迹陈列室展出了向警予学生时代用过的书篮、梳妆盒、针筒、鞋刷，撰写的文稿、书信手迹；在纪念碑广场，有座高9米多的向警予塑像纪念碑，刻有蔡和森1928年7月在莫斯科撰写的《向警予同志传》全文。

 小链接

向警予语录

◎人都应该珍惜自己的生命，然而到了不能珍惜的时候，只有勇敢的牺牲自己。人总是要死的，但要死得慷慷慨慨。

◎人生价值的大小是以人们对社会贡献的大小而制定。

恨不抗日死——吉鸿昌

吉鸿昌（1895年10月18日—1934年11月24日），原名吉恒立，字世五，著名的抗日将领，中国共产党党员。

吉鸿昌1895年10月18日出生于河南省扶沟县吕潭镇一个贫苦农民家庭。受父亲影响，吉鸿昌幼年即具有爱国思想。

1913年秋天，不满18岁的吉鸿昌弃学从戎，投入冯玉祥部当兵。因骁勇善战，屡立战功，从士兵递升至军长。

1930年9月，吉鸿昌所部被蒋介石改编后，任第22路军总指挥兼第30师师长，奉命"围剿"鄂豫皖革命根据地。1931年吉鸿昌在上海养病，接触到了中国共产党。后因对"围剿"红军态度消极——他打定主意不打内战，1931年8月被蒋介石解除兵权，强令其出国"考察"。

到国外"考察实业"的吉鸿昌接二连三地遭到意想不到的刺激，如美国的头等旅馆不接待中国人，而对日本人却奉若神明。有一次，吉鸿昌要往国内邮寄衣物，邮局职员竟说世界上已经不存在中国了，吉鸿昌异常愤怒，刚要发作，陪同的使馆参赞劝道："你为什么不说自己是日本人呢？只要说自己是日本人就可受到礼遇。"
吉鸿昌当即怒斥："你觉得当中国人丢脸吗，可我觉得当中国人光
荣！"为抗议帝国主义对中国人的歧视，维护民族尊严，他找来一块
木牌，用英文在上面写上："我是中国人！"

1932年1月，吉鸿昌回国后，联络与发动旧部，为抵抗日本侵略
奔走呼号，并毁家纾难，变卖家产购买枪械，组织武装抗日。1932
年2月28日，吉鸿昌返抵上海。他通过原西北军中的中共地下党员
与上海党组织接头，不久返回天津，与华北政治保卫局取得联系。
同年4月，加入中国共产党。

1933年5月，吉鸿昌任"察哈尔民众抗日同盟军"第2军军长、
北路军前敌总指挥兼察哈尔警备司令，随即率部进攻察北日伪军，
连克康保、宝昌、沽源、多伦四县，将日军驱出察境。1934年参与
组织中国人民反法西斯大同盟，被推为主任委员。

因为加入了中国共产党，吉鸿昌由此被蒋介石视为眼中钉、肉
中刺，决意对他进行暗杀。1934年，蒋介石一方面责成国民政府发
出通缉吉鸿昌的紧急命令；一方面通过军统特务头子戴笠，派天津
站长陈恭澍负责对吉鸿昌等人进行杀害。1934年11月9日，吉鸿昌
在天津法租界被军统特务暗杀受伤，遭法租界工部局逮捕，并引渡
给北平军分会。敌人使出种种手段，迫害逼供。吉鸿昌大义凛然地

说："我能够加入革命的队伍，能够成为共产党的一员，能够为我们党的主义，为人类的解放而奋斗，这正是我毕生的最大光荣。"

1934年11月24日，经蒋介石下令，吉鸿昌被杀害于北平陆军监狱，年仅39岁。

1945年，在党的七大上，吉鸿昌被定为全党褒扬的革命烈士。1984年，在吉鸿昌烈士牺牲五十周年前夕，扶沟人民在烈士陵园吉鸿昌烈士陈列馆前，为烈士塑了铜像。邓小平为河南人民出版社出版的《吉鸿昌将军牺牲五十周年纪念辑》题写了书名。聂荣臻亲笔题词："民族英雄吉鸿昌烈士永垂不朽！"

 小链接

吉鸿昌语录

◎恨不抗日死，留作今日羞。国破尚如此，我何惜此头。

◎路是脚踏出来的，历史是人写出来的，人的每一步都是在书写自己的历史。

民主先锋——邹韬奋

邹韬奋（1895年11月5日—1944年7月24日），原名恩润，笔名"韬奋"取意"韬光养晦"和"奋斗"，中国记者、出版家。1922年在黄炎培等创办的中华职业教育社任编辑部主任，开始从事教育和编辑工作。1926年接任《生活》周刊主编，以犀利之笔，力主正义舆论，抨击黑暗势力。

邹韬奋刚满6岁的时候，便由父亲"启蒙"，读《三字经》，在"牢狱"般的私塾环境中，开始了幼年的学堂教育。这种教育与熏陶，对邹韬奋早期的思想发展，有过一定的消极影响，但也培养了他坚实的文学基础。

1909年春，在父亲"实业救国"观念的推动和影响下，邹韬奋考取了福州工业学校。两年之后，又被送往上海南洋公学附属小学。父亲希望他"将来能做一个工程师"。但邹韬奋认为他的天性，"实在不配做工程师"。他在这里，从小学、中学，一直读到大学电机科二年级，虽然学习刻苦，成绩优异，但终因对数学、物理一类的科目不感兴趣，未能遂父心愿实现做工程师的梦想。1919年9月，邹韬奋破格考入上海圣约翰大学文科三年级学习，开始了他人生之路的一大转折。

1921年7月，邹韬奋在圣约翰大学毕业，获得文学学士学位。他想进入新闻界，但一时得不到机会。恰逢上海厚生纱布交易所需要英文秘书，邹韬奋走马上任，成为工商界的一名职员。这以后，邹韬奋又在上海职业教育机关兼职，做些写作、翻译之类的事情。

1922年，邹韬奋担任中华职业教育社编辑部主任，主编《教育与职业》月刊。他参与该社发起的职业指导运动，曾和同事一起先后去宁波、南京、武汉、济南等地考察。这是邹韬奋第一次深入社会进行调查研究。亲身的实践和感受，加深了他对于社会和现实的了解与认识，逐渐窥探到中国政治的腐败和社会的黑暗。

1926年10月，原《生活》周刊主编转入银行界任事，《生活》周刊改由邹韬奋担负编辑责任。邹韬奋如愿以偿，得以从事自己梦寐以求的新闻出版工作了。从此，他全力以赴，投入到工作中去。邹韬奋决定根据社会和读者需要，从内容到形式，对《生活》周刊进行一次大幅度的革新。他确定该刊的宗旨为"暗示人生修养，唤起服务精神，力谋社会改造"。随着时间的流逝，《生活》周刊从单纯讨论"职业教育"和"青年修养"转而讨论社会问题。

九一八事变后，邹韬奋全身心投入到抗日救亡运动中，坚决反对国民党政府对日本侵略奉行"攘外必先安内"的反动政策。他主编的《生活》周刊以团结抗敌御侮为根本目标，成为国内媒体抗日救国的一面旗帜。"一二·八"淞沪抗战结束后，国民党政府在签订屈辱的《淞沪停战协定》的同时，调集大军"围剿"苏区和红军。邹韬奋坚决反对国民党政府的做法，痛斥蒋介石、何应钦等是军阀和民族罪人。

1932年7月，邹韬奋成立生活书店，任总经理。生活书店团结了一大批进步作者，在全国各地建立了56家分支机构，先后出版发行数十种进步刊物和包括马克思主义译著在内的1 000余种图书。1933年1月，他参加宋庆龄等发起的中国民权保障同盟，当选为执行委员。不久，被迫流亡海外。在两年多的流亡期间，他考察了英、美、法、德、意等资本主义国家和前苏联，阅读了大量马克思主义的著作，"实现了思想上的升华，形成了马克思主义世界观，最终选择了中国共产党"。

1935年8月，邹韬奋回到祖国后，正值日本侵略军制造分离中国的华北事变。他积极参加抗日救亡运动，在上海创办《大众生活》周刊，响应共产党的号召，旗帜鲜明地支持"一二·九"学生爱国运动。期间，他担任上海各界救国会与全国各界救国联合会的领导工作。他的活动遭到国民党当局的忌恨，他创办的《大众生活》和

《永生》杂志先后遭查禁被迫停刊。

邹韬奋主编的各种刊物，特别在抗战时期，对当时的人思想影响不亚于鲁迅等文学家。对于抗战，他坚定"停止内战、一致抗日"的立场，因此多番遭到国民党打击，最具代表性的，就是"七君子事件"——

1936年7月15日，沈钧儒、章乃器、邹韬奋、陶行知联名发表《团结御侮的基本条件与最低要求》呼应停止内战、组成抗日民族统一战线的主张，要求国民政府停止剿共。11月12日救国会举行了孙中山的纪念活动，担任主席团成员的史良要求国民政府停止内战、联俄容共、扶助农工。救国会多次要求抗日、同情中共的举动惹恼了当时急于清共的国民政府，也得罪了上海的日军。当时日本驻沪总领事若杉即命令领事约见国民党上海市政府秘书长俞鸿钧，要求逮捕救国会成员。

11月23日上午，沈钧儒、章乃器、邹韬奋、史良、李公朴、王造时、沙千里等7位救国会的领导人陆续在住宅被捕，史称"七君子事件"。

1937年国民党正式起诉七君子，并另外通缉在美国讲学的陶行知等7人，随后也在苏州开庭侦讯七君子。当时宋庆龄、何香凝、胡愈之还发起"救国入狱"运动，宋庆龄甚至到苏州监狱要求与七君子一起坐牢。

7月7日卢沟桥事变发生后，国民政府正式对日开战，无暇再应付宋庆龄等人的抗争压力，七君子于7月31日被保释出狱。

抗日战争进入相持阶段后，国民党当局加紧迫害民主进步人士，更加严厉限制人民的言论、出版、集会、结社等各项民主权利。积极进行抗日宣传的生活书店及其出版物不断遭到查禁、封闭。1941年皖南事变后，邹韬奋被迫再次避走香港。在香港，他继续宣传抗日，揭露国民党当局对日妥协投降倾向和对民主进步人士的迫害。香港沦陷以后，他在中国共产党帮助下，先后转移到广东东江游击区和苏北敌后抗日根据地，继续从事抗日民主的文化宣传工作。期间，他多次向党组织提出入党请求，党组织认为他以民主人士的身份在国统区工作对党和革命事业更为有利。

1944年7月24日，邹韬奋在上海病逝。临终前，他再次表达了加入中国共产党的愿望。9月28日，中共中央根据他生前愿望追认他为中国共产党正式党员。中共中央在致其家属的唁电中称他为"吾党的光荣"，"韬奋先生二十余年为救国运动，为民主政治，为文化事业，奋斗不息，虽坐监流亡，决不屈于强暴，决不改变主张，直至最后一息，犹殷殷以祖国人民为念，其精神将长在人间，其著作将永垂不朽"。

小链接 ....

邹韬奋语录

◎自觉心是进步之母，自贱心是堕落之源，故自觉心不可无，自贱心不可有。

◎一个人光溜溜的到这个世界来，最后光溜溜的离开这个世界而去，彻底想起来，名利都是身外物，只有尽一人的心力，使社会上的人多得他工作的裨益，是人生最愉快的事情。

◎天下作伪是最苦恼的事情，老老实实是最愉快的事情。

....

永远的丰碑——叶挺

叶挺，中国人民解放军的创建人和新四军领导人、军事家。原名为询，字希夷，1896年生，广东归善（今惠阳）人。他是一位伟大的无产阶级革命家、军事家，久经考验的忠诚的共产主义战士，被人们称为"没有授衔的元帅"。大革命时期，他在湖北汀泗桥和贺胜桥等战役中屡建战功，被誉为"北伐名将"；土地革命时期，他参与领导了南昌起义、广州起义，是起义的重要领导人之一；抗日战争爆发后，他出任新四军军长，继承与发扬铁军的光荣传统，是精忠报国的抗日先锋。

1946年3月15日，重庆《新华日报》刊登了一篇《叶挺同志说明入党志愿》的专题报道。叶挺在入党志愿中说："我认为只有中国共产党的同志能贡献其全部力量为中国人民来工作，在我失去自由的环境中，更能深刻了解了这一点。所以在我因禁的期间，我就有了这个决心：如果我能自由了，一定要继续牺牲了的同志们的精神，重新加入共产党，贡献我全部的力量，来为中国人民服务。"

叶挺从小就立下了"强兵富国"的志向。他早年追随孙中山参加革命，任大本营警卫团第2营营长。1922年6月粤军总司令陈炯明叛变，调集重兵围攻孙中山的总统府时，率部与叛军激战，掩护孙中山夫人宋庆龄等脱险。1924年国共两党合作后，被派赴莫斯科，先后入东方劳动者共产主义大学和红军学校中国班学习。同年10月加入中国社会主义青年团。1925年9月回国到广州，参与组建以共产党员为骨干的国民革命军第4军独立团，任团长。所部成为中国共产党直接掌握的一支武装部队。北伐战争中，他率部长驱直进，连战皆捷，屡建奇功，被誉为"北伐名将"，所部被称为"叶挺独立团"，为第4军赢得"铁军"称号。南昌起义时，他担任前敌总指挥。起义失败后经香港辗转到达广州，参加领导广州起义，担任工农红军总司令。在敌军大举反扑的危急时刻，果断下令撤退，保存了部分武装力量。

1937年全国抗战爆发后，叶挺拥护国共合作团结抗日，积极参与将南方8省红军游击队改编为新四军，出任军长。1937年10月应召赴延安会见毛泽东，表示完全接受中国共产党的领导，坚决抗战到底。在新四军任职期间，他与项英等领导人指挥部队转战华中敌后，开展游击战争，创建抗日根据地。针对国民党限制新四军发展的方针，他在编制、经费、防区等方面，与国民党有关当局进行了许多交涉和斗争。他还利用自己的影响，开展抗日统一战线工作，向爱国人士、海外华侨、国际友人和国民党内的朋友等，募集物资、枪支、款项，并动员一批学者、故旧、亲属参加新四军，壮大抗日力量。

1940年1月，国民党顽固派掀起第二次反共高潮，包围袭击奉命北移的新四军军部和驻皖南部队，制造了震惊中外的皖南事变。在部队遭国民党军重兵包围的严重情况下，叶挺临危不惧，指挥部队奋起突围，浴血奋战8昼夜。终因寡不敌众，部队弹尽援绝，除2 000余人突出重围外，大部失散、牺牲和被俘。他在奉派与国民党军交涉时遭扣押，先后被转到上饶、恩施、桂林、重庆等地监禁5年零2个月。面对蒋介石等的威逼利诱，他严词拒绝，坚贞不屈。在牢房中写下《囚歌》以明志："我渴望自由，但我深深地知道，人的躯体怎能从狗洞子里爬出。我希望有一天，地下的烈火，将我连这活棺材一齐烧掉。我应该在烈火与热血中得到永生！"

抗日战争胜利后，经中共中央营救，叶挺于1946年3月4日获释。5日即致电毛泽东和中共中央，要求实现他多年的愿望，加入中国共产党。中共中央于7日复电，称赞他忠诚地为中国民族解放与人民解放事业进行了20余年的奋斗，经历了种种严峻的考验，决定接受他加入中国共产党。4月8日，叶挺由重庆赴延安出席全军整编会议，因途中飞机失事，在山西兴县黑茶山遇难，时年50岁，遗体葬于延安"四八"烈士陵园。

 小链接 ···

叶挺语录

　　◎我渴望自由，但我深深地知道————人的身躯怎能从

狗洞子里爬出！我希望有一天地下的烈火，将我连这活棺材

一齐烧掉，我应该在烈火与鲜血中得到永生！

···

早期农民运动领袖——彭湃

彭湃（1896年10月22日—1929年8月30日），乳名天泉，原名彭汉育，曾用过王子安、孟安等化名，广东省汕尾市海丰县城郊桥东社人。彭湃是我党早期卓越的领袖和宝贵的财富。同许多革命先烈一样，彭湃同志最可敬的是他坚定的革命信念。为了信仰，彭湃舍弃生活优裕的家庭，走上艰苦的革命道路。为了信仰，彭湃在革命最艰难的时候矢志不移，最终慷慨对敌，从容赴死。

彭湃出身于一个工商地主家庭。早年在海丰第一高等小学、海丰中学、广州广府中学等校读书。1917年夏去日本求学，期间积极参加留日学生的反帝反封建的斗争。1921年回到广州，组织社会主义研究社，同时任海丰县教育局局长。积极从事农民运动，同年10月在海丰县赤山建立中国第一个农会。1923年元旦，领导成立海丰县总农会并任会长。

1923年7月至1925年底，彭湃在广州举办五届农民运动讲习所，担任第一和第五届农讲所主任。他参加了两次东征。1925年5月彭湃当选为广东省农民协会执行委员会常委、副委员长。中共广东区委成立后，任区委委员，1926年10月彭湃任中共海陆丰地委书记兼潮梅海陆丰办事处主任。1927年3月到武汉农讲所工作。5月在中共第五次全国代表大会上当选为中央委员。1927年10月，彭湃在广东海陆丰地区领导武装起义后，建立了海丰、陆丰县苏维埃政府，这是中国第一个农村苏维埃政权。

1927年8月1日，澎湃参加了南昌起义，任中共前敌委员会委员。在八七会议上缺席当选为临时中央政治局候补委员。11月彭湃领导海陆丰武装起义，任海陆丰工农民主政府委员长和中共东江特委书记。1928年7月，彭湃在中共第六次全国代表大会上当选为中央政治局委员。同年冬任中央农委书记兼江苏省委军委书记。因为成功领导了多次农民运动，彭湃被誉为农民运动的大王、中国农民运动的领袖。

1929年8月24日因叛徒白鑫出卖，彭湃被捕，30日在上海龙华与杨殷、颜昌颐、邢士贞4人同时英勇就义，时年仅33岁。

中共中央很快得到彭湃等四同志就义的噩耗。当晚，周恩来含着眼泪代表党中央起草了《告全国工人农民及其他劳苦群众书》，油印后，于翌晨发往各地党组织，并通知各级党组织举行哀悼。1930年8月30日，彭湃等四烈士牺牲一周年时，周恩来以冠生的笔名在《红旗日报》上发表了题为《彭杨颜邢四同志被敌人捕杀经过》一文，文章写道："革命领袖的牺牲，有他不可磨灭的战绩，照耀在千万群众的心中，熔成为大革命的推动之力，燃烧着每一个被压迫群众热情，一齐奔向革命的火原，所以我们在四难的烈士前面，不需要流泪的悲哀，而需要更痛切的继续着死难的烈士的遗志，踏着死难烈士的血迹，一直向前努力，一直向前斗争。"

真正的国际主义者——张太雷

张太雷生于1898年，中国共产党早期的重要领导人之一，是中国共产主义青年团的创始人之一和青年运动的卓越领导人，是广州起义的主要领导人。张太雷是第一个被派往共产国际工作的中国共产党的使者、也是中国社会主义青年团最早派往青年共产国际的使者之一。张太雷是党内著名的政治活动家、宣传家。1927年12月12日，他在广州起义战斗中被敌人枪击阵亡，为探索中国革命道路献出了29岁的年轻生命，成为中共历史上第一个牺牲在战斗第一线的中央委员和政治局成员。

张太雷于1898年6月17日出生于江苏省武进县（今常州市），原名曾让，字泰来，学名张复，自号长铗，投身革命后又名椿年，春木，后改名太雷，寓意震醒痴顽、打击强暴之意。张太雷自小家境贫寒，8岁丧父，靠母亲帮佣的微薄收入为生。早年就读于常州府中学堂，后毕业于北洋大学（现在的天津大学）法科。

张太雷是中国共产党最早的党员之一，1920年即参加了李大钊创建的中国共产党北京早期党组织，后参加过党的二大、三大、四大、五大和八七会议，是四届候补中央委员、五届中央委员、临时中央政治局五人常委之一、担任过中共湖北省委书记、中共广东省委书记等职，是中国共产党早期重要领导人之一。

张太雷是中国社会主义青年团的主要创始人，是中国青年运动的卓越领导人。1922年5月5日在广州召开了中国社会主义青年团第一次代表大会，张太雷主持会议并致开幕词，大会通过了张太雷等人起草的团纲、团章和其他一些决议案，张太雷在会上当选为团中央执行委员会委员。1925年1月，中国社会主义青年团在上海举行第三次全国代表大会，团的名称改为中国共产主义青年团，张太雷当选为总书记。

张太雷是第一个被派往共产国际工作的中国共产党的使者、也是中国社会主义青年团最早派往青年共产国际的使者之一。在莫斯科举行的共产国际第三次代表大会的讲坛上，他代表中国共产党首次庄严致辞，他提交大会的书面报告是研究中共早期历史的珍贵文献，他是少数见过列宁的中国共产党人之一。他担任过维京斯基、马林、达林、鲍罗廷等共产国际代表的翻译和秘书，并以他无穷的精力、渊博的知识赢得了各国共产党人对他的尊重，显示了杰出的政治、外交才能，被誉为"真正的国际主义者"。

张太雷对影响中国革命历史进程的国共合作有着特殊贡献。他参与过中共领袖、共产国际代表、苏俄使者同孙中山等国民党要人的多次重要会谈。他作为孙中山指派的"孙逸仙博士代表团"的主要成员，出色地完成赴苏考察任务。他对民族民主革命统一战线的建立与发展多有建树。

张太雷是党内著名的政治活动家、宣传家。他在《前锋》《向导》《人民周刊》《中国青年》等刊物上留下的百余篇论著，至今仍熠熠生辉。李大钊先生称赞他"学贯中西、才华出众"。张太雷是著名的广州起义的主要领导人，1927年12月12日，他在起义战斗中被敌人枪击阵亡，为探索中国革命道路献出了29岁年轻的生命，用自己的热血和青春实践了他年少时立下的"愿化作震碎旧世界惊雷"的誓言，成为中共历史上第一个牺牲在战斗第一线的中央委员和政治局成员。

张太雷牺牲后不久，他的昔日同窗、他曾亲自介绍入党的瞿秋白同志以无比沉痛的心情写了《悼张太雷同志》，其中写道："他在党里历次担任负责的工作，他的坚决与耐苦是一般同志所知道的……他死时，觉着对于中国工农民众的努力和负责，他死时，还是希望自己的鲜血，将要是中国苏维埃革命胜利之源泉！"

书生领袖——瞿秋白

瞿秋白，生于1899年，江苏常州人，散文作家，文学评论家。他曾两度担任中国共产党最高领导人，是中国共产党早期主要领导人之一，马克思主义者，无产阶级革命家、理论家和宣传家，中国革命文学事业的重要奠基者之一，上海大学原教务长兼社会学系主任，在国共合作的背景下，把上大建设为南方的新文化运动中心，为中国人民的解放事业和民族振兴输送了一大批栋梁之才。1935年2月在福建长汀县被国民党军逮捕，6月18日慷慨就义，时年36岁。

瞿秋白祖籍江苏宜兴，1899年1月29日生于江苏省常州府城内东南角的青果巷（今82号）一座名为八桂堂的花园住宅内的天香楼二楼（今瞿秋白故居）。八桂堂是瞿秋白的叔祖瞿赓甫的住宅，这所住宅内花木繁多，因有八株桂花而得名八桂堂，天香楼也是因沉浸在花木的芬芳之中而得名。瞿家是一个书香门第，世代为官。瞿秋白的父亲瞿世玮擅长绘画、剑术、医道，然而生性淡泊，不治家业，寄居叔父家中，经济上依赖在浙江做知县的大哥瞿世琥的接济。母亲金璇，也是官宦之女，精于诗词。

1903 年，瞿赓甫死在湖北任上，从此瞿家的家道开始中落。瞿赓甫的遗属开始瓜分财产时，瞿世玮作为瞿赓甫的侄儿被迫离开八桂堂，先后租住乌衣桥、星聚堂等处，一家的生活日益窘迫。1904 年，5 岁的瞿秋白进入私塾启蒙读书，次年转入冠英小学。1909 年春天，10 岁的瞿秋白考入常州府中学堂（现江苏省常州市高级中学）。该校校长屠元博，曾经留学于日本，是同盟会会员。但是并没有证据表明，瞿秋白从他那里接受了反清革命思想的影响。但是，瞿秋白在中学时代确实养成了爱读书的习惯。

辛亥革命后，瞿秋白的伯父瞿世琥弃官闲居杭州，将母亲也接到那里，并停止了对瞿世玮一家的资助。于是瞿秋白家陷入经济困境，被迫搬到城西庙沿汀瞿氏宗祠居住，靠典当、借债度日。1915 年冬，因交不起学费，瞿秋白被迫辍学。农历正月初五，母亲金璇服毒自尽。瞿秋白一家人分别投亲靠友，瞿秋白先在杨氏小学教书。1916 年年底，瞿秋白得到表舅母的资助，西赴汉口，寄居在京汉铁路局当翻译的堂兄瞿纯白家中，并进入武昌外国语学校学习英文。

1917 年春，瞿纯白调外交部任职，瞿秋白也随同北上到北京，参加普通文官考试未被考取，于是考入外交部办的俄文专修馆（免费入学），学习俄文。1919 年，五四运动爆发后，他以极大的热情投入北京爱国学生运动，被选为专修馆学生总代表，参加了北京大中学校学生联合会，成为北京学生爱国运动的领导人之一。8月参加了中南海总统府前抗议马良祸鲁的请愿活动，遭到逮捕，旋即被释放。1920年初参加了李大钊、张嵩年发起的马克思主义研究会。

1920年8月，瞿秋白被北京《晨报》和上海《时事新报》聘为特约通讯员到莫斯科采访，想"为大家辟一条光明的路"。在苏俄两年时间里，他作了大量考察、采访和写作，先后撰写了《共产主义人间化》《苏维埃俄罗斯经济问题》等数十篇通讯和《俄乡纪程》《赤都心史》等著作，以自己的亲见亲闻，客观介绍俄国十月革命后苏俄的真实情况，告诉中国人民，十月革命是"20世纪历史事业之第一步"，莫斯科已成为全世界无产阶级"心海中的灯塔"，产生了广泛的影响。

1921年秋，东方大学开办中国班，瞿秋白作为当时莫斯科仅有的翻译，进入该校任翻译和助教，开始接触马克思主义的理论书籍。1922年，瞿秋白在莫斯科由同乡张太雷介绍加入中国共产党。1922年底，陈独秀代表中国共产党到莫斯科，瞿秋白担任他的翻译。陈独秀回国时，邀请瞿秋白回国工作。1923年1月，瞿秋白也随同陈独秀回到北京。同时，瞿秋白兼管中共宣传工作，担任中共中央机关刊物《新青年》《前锋》主编和《向导》编辑。他在这些刊物上发表大量政论文章，运用马克思主义分析中国国情，考察中国社会状况，论证中国革命问题，为中国共产党的思想理论建设作出了开创性贡献。1923年夏，于右任、邓中夏创办上海大学，瞿秋白担任教务长兼社会学系主任。

1924年，国民党改组，瞿秋白出席中国国民党一大，参加大会宣言的起草，当选国民党中央候补执行委员，后任国民党中央政治委员会委员，为实现第一次国共合作，做了大量工作，并来往上海广州之间，当翻译，参与一些国民党的工作（例如上海的国民党中央执行部委员等）。

1925年1月起，瞿秋白先后在中共的第四、五、六次全国代表大会上，当选为中央委员、中央局委员和中央政治局委员，成为中共领袖之一。之后，参与领导了"五卅"反帝爱国运动。

1931年1月7日在上海召开的中共六届四中全会上，瞿秋白被王明错误打击，被解除中央领导职务，不再担任中央政治局委员。此后瞿秋白到了白色恐怖笼罩的上海养病（肺结核），进行文艺创作和翻译，与茅盾、鲁迅并肩战斗，结下深厚友谊，一起领导左翼文化运动。瞿秋白与鲁迅有着很深的交往。瞿秋白曾到鲁迅家中避难，鲁迅把瞿看做知己，曾写过"人生得一知己足矣，斯世当以同怀视之"一联赠予。瞿秋白也写过《〈鲁迅杂感选集〉序言》，对鲁迅的杂文创作作了中肯的评价。瞿秋白被捕后鲁迅曾想方设法委托人营救。瞿被处决后，鲁迅叹息良久，说过："瞿若不死，译这种书（指《死魂灵》）是极相宜的，即此一端，即是判杀人者为罪大恶极"，并带病编校了瞿的遗著《海上述林》。此外瞿秋白还留有《赤都心史》《俄乡纪程》等著作。

1934年1月，由于无法继续留在上海养病，瞿秋白到达中央革命根据地瑞金，任中华苏维埃共和国中央执委会委员、人民教育委员会委员、中华苏维埃共和国中央政府教育部部长等职。

中央红军长征后，瞿秋白带病留守南方，坚持游击战争，任中共苏区中央分局宣传部部长。1935年2月24日，瞿秋白在向香港转移途中，在福建省长汀县水口镇被宋希濂的国民政府军第三十六师向贤矩部逮捕，国民党政府采取各种手段利诱劝降，都被他凛然拒绝。6月18日，他坦然走向长汀中山公园的刑场，沿途用俄语唱《国际歌》《红军歌》，高呼"中国共产党万岁""共产主义万岁"等口号。到达刑场后，盘膝坐在草坪上，饮弹洒血，时年36岁。

1950年12月31日，毛泽东为《瞿秋白文集》题词，高度赞扬他说："在革命困难的年月里坚持了英雄的立场，宁愿向刽子手的屠刀走去，不愿屈服。他的这种为人民工作的精神，这种临难不屈的意志和他在文字中保存下来的思想，将永远活着，不会死去。"

小链接

瞿秋白语录

◎寂寞此人间，且喜身无主。眼底云烟过尽时，正我逍

遥处。

为革命牺牲一切——方志敏

方志敏（1899年8月21日—1935年8月6日），江西弋阳漆工镇湖塘村人。他把马克思主义普遍真理与赣东北实际相结合，创造了一整套建党、建军和建立红色政权的经验，毛泽东称之为"方志敏式"根据地。方志敏不仅仅是一位出色的革命家、政治家、军事家，"爱国、创造、清贫、奉献"，方志敏精神蕴含的丰富内涵，同样值得后人永世铭记。

1919年夏，方志敏以优异成绩考入江西省立南昌甲种工业学校。这时，正值五四爱国运动后新思想、新思潮在中国开始广泛传播，他如饥似渴地阅读《新青年》等进步书刊，参加和组织学生运动，被选为南昌学联的负责人之一。1922年7月，为寻求革命真理，他来到上海，同年7月加入中国社会主义青年团。1924年3月，在南昌转为中国共产党党员。他激动地写道："共产党员——这是一个极尊贵的名词，我加入了共产党，做了共产党员，我是如何的引以为荣啊！从此，我的一切，直到我的生命都交给党去了。"

第一次国共合作期间，方志敏先后任国民党江西省党部执行委员兼农民部部长、中共江西区委工委书记、中共江西省委农民协会秘书长。1925年冬，党组织派他回家乡开展农民运动。1926年4月，他作为江西省代表赴广州参加第二次农民代表大会。期间，他第一次见到毛泽东和彭湃，并到东江、大埔一带考察农民运动。1927年3月，他赴武汉，参加由毛泽东、邓演达主持的粤湘赣鄂豫农民协会执委会和农民自卫军联席会议，与毛泽东、彭湃、邓演达、谭平山等13人当选中华全国农民协会临时委员会执行委员。他完全赞同毛泽东在《湖南农民运动考察报告》中提出的思想和主张。

　　大革命失败后，1927年8月下旬，方志敏假扮成贫苦农民从吉安步行回到弋阳，任弋阳、横峰等五县工作委员会书记兼武装起义总指挥、中共弋、横、德中心县委书记、江西省委委员，传达八七会议精神，组织农民武装，进行暴动准备。1928年1月，他与邵式平、黄道等领导赣东北弋阳、横峰地区农民起义，创建了赣东北革命根据地，领导组建中国工农红军第10军。1930年起，先后任赣东北省、闽浙赣省苏维埃政府主席，红10军政治委员，中华苏维埃共和国中央执行委员，中共闽浙赣省委书记。

　　1934年1月，在中共六届五中全会上，方志敏当选为中央委员。他把马克思主义普遍真理与赣东北实际相结合，创造了一整套建党、建军和建立红色政权的经验，毛泽东称之为"方志敏式"的根据地。

1934年11月初，方志敏以红七军团组成的北上抗日先遣队到达闽浙皖赣边区，与红10军组成红10军团，方志敏任红10军团军政委员会主席，奉命率红10军团北上抗日，在皖南遭国民党军重兵围追堵截，艰苦转战两月余，被7倍于己的敌军重重围困在怀玉山区。他带领先头部队奋战脱险，但为了接应后续部队，冒着雨雪和危险，复入重围，寻找部队，终因寡不敌众，弹尽援绝，于1935年1月29日被俘。

被捕那天，两个国民党士兵搜遍方志敏全身，除了一块手表和一支钢笔，只有两个铜板。敌兵不相信，堂堂共产党领导，竟如此穷酸。正如方志敏所说："清贫，洁白朴素的生活，正是我们革命者能够战胜许多困难的地方。"在狱中，面对敌人的严刑和诱降，他正气凛然，坚贞不屈。用敌人提供劝降的纸笔写下了《可爱的中国》《我从事革命斗争的略述》《赣东北苏维埃创立的历史》《清贫》等十多篇共13万余字的文章。1935年8月6日在江西南昌赣江边，蒋介石秘密派遣一个班的人将方志敏同志杀害，当时离方志敏同志37岁生日仅仅只有半个月。

小链接

方志敏语录

　　◎我们活着不能与草木同腐，不能醉生梦死，枉度人

生。要有所作为！

民主斗士——闻一多

闻一多（1899年11月24日—1946年7月15日），原名闻家骅，又名多、亦多、一多，字友三、友山。中国现代伟大的爱国主义者，坚定的民主战士，中国民主同盟早期领导人，中国共产党的挚友，诗人，学者，民主战士。

1912年，闻一多考入北京清华学校，是清华新剧社、美术社的发起者，他喜读中国古代诗集、诗话、史书、笔记等。1916年开始在《清华周刊》上发表系列读书笔记，总称《二月庐漫记》。同时创作旧体诗。闻一多曾担任《清华周刊》总编辑及《清华学报》编辑。1919年五四运动时积极参加学生运动，曾代表学校出席全国学联会议（上海）。同年6月，作为清华学校学生代表去上海参加全国学生联合会成立大会。

1921年11月闻一多与梁实秋等人发起成立清华文学社，次年3月，写成《律诗底研究》，开始系统地研究新诗格律化理论。

1922年7月闻一多赴美国芝加哥艺术学院学习，年底出版与梁实秋合著的《冬夜草儿评论》，代表了闻一多早期对新诗的看法。在美期间，他写下了著名的《七子之歌》等多篇爱国思乡之作。其中《七子之歌》，写出中国被列强掳掠的七片土地的声音。1923年闻一多出版第一部诗集《红烛》，把反帝爱国的主题和唯美主义的形式典范地结合在一起。

1925年5月，闻一多回国后，历任国立第四中山大学（1928年更名为中央大学，1949年更名为南京大学）、国立武汉大学（任文学院首任院长并设计校徽）、国立青岛大学（现山东大学）、北京艺术专科学校、政治大学、清华大学、西南联合大学教授，曾任北京艺术专科学校教务长、南京第四中山大学外文系主任、武汉大学文学院长、国立青岛大学（后改为国立山东大学）文学院长。

1928年闻一多出版第二部诗集《死水》，在颓废中表现出深沉的爱国主义激情。此后他致力于古典文学的研究。他对《周易》《诗经》《庄子》《楚辞》四大古籍的整理研究，被郭沫若称为"前无古人，后无来者"。

1937年抗战开始，他在昆明西南联大任教。抗战八年中，他留了一把胡子，发誓不取得抗战的胜利不剃去，表示了抗战到底的决心。1943年后，闻一多因目睹国民政府的腐败，于是愤然而起，积极参加反对独裁，争取民主的斗争。他开始得到中共昆明地下党和民主同盟的帮助，党通过不同渠道，给他送去毛泽东的《新民主主义论》等著作。他开始认识到要救中国，必须从根本上推翻帝国主义和封建军阀的统治。蒋介石的《中国之命运》发表后，他说："五四给我的印象太深，《中国之命运》公开的向五四宣战，我是无论如何受不了的。"1944年，他加入中国民主同盟，后出任民盟中央执行委员、民盟云南支部宣传委员兼《民主周刊》社社长，成为积极的民主斗士。

抗战胜利后，蒋介石坚持独裁、内战政策。1945年12月1日，昆明发生国民党当局镇压学生爱国运动的"一二·一"惨案，闻一多亲自为死难烈士书写挽词："民不畏死，奈何以死惧之"。出殡时，他拄着手杖走在游行队伍前列，并撰写了《一二·一运动始末记》，揭露惨案真相，号召"未死的战士们，踏着四烈士的血迹"继续战斗。1946年6月29日，民盟云南支部举行社会各界招待会，他在会上宣布民盟决心响应中共的号召，坚持"民主团结、和平建国"的立场，号召"各界朋友们亲密地携起手来，共同为反内战、争民主，坚持到底"！

1946年7月11日日，民盟负责人、著名社会教育家、当年救国会七君子之一的李公朴，在昆明被国民党特务暗杀。闻一多当即通电全国，控诉反动派的罪行。他为《学生报》的《李公朴先生死难专号》题词："反动派！你看见一个倒下去，可也看得见千百个继起来！"

1946年7月15日，在云南大学举行的李公朴追悼大会上，主持人为了闻一多的安全，没有安排他发言。但是，他毫无畏惧，拍案而起，慷慨激昂地发表了《最后一次演讲》，痛斥国民党特务，并握拳宣誓说："我们有这个信心：人民的力量是要胜利的，真理是永远存在的"，"我们不怕死，我们有牺牲精神，我们随时准备像李先生一样，前脚跨出大门，后脚就不准备再跨进大门！"当天下午，闻一多主持《民主周刊》社的记者招待会，进一步揭露暗杀事件的真相。散会后，在返家途中，他突遭国民党特务伏击，身中十余弹，为自由、民主奉献了自己宝贵的生命。

 小链接 ⋯⋯⋯⋯⋯⋯⋯⋯⋯⋯⋯⋯⋯⋯⋯⋯⋯⋯

闻一多语录

◎我爱中国固因它是我的祖国，而尤因它是那种可敬爱的文化的国家。

◎对奴隶，我们只当同情，对有反抗性的奴隶，尤当尊敬。

⋯⋯⋯⋯⋯⋯⋯⋯⋯⋯⋯⋯⋯⋯⋯⋯⋯⋯⋯⋯

黄埔之英——戴安澜

戴安澜（1904年11月25日—1942年5月26日），原名戴炳阳，字衍功，自号海鸥，安徽省无为县人，国民革命军高级将领，为黄埔系骨干，国民革命军第五军第200师师长。戴将军曾参加北伐战争、保定、漕河、台儿庄、中条山诸役、昆仑关战役，更以远征缅甸闻名。他在抗日战争中战功显赫，抗战胜利后被追认为革命烈士。

戴安澜1924年投奔国民革命军，黄埔第3期毕业。他1926年参加北伐，1933年参加长城抗战。在1938年的鲁南会战中，曾率部在中艾山与日军激战4昼夜，因战功卓著，升任89师副师长。同年8月，参加武汉会战。1939年升任国民党第5军200师师长，12月参加桂南会战。在昆仑关大战中，戴安澜指挥有方，重伤不下火线，击毙日军旅团长中村正雄少将，取得重大胜利。

太平洋战争爆发后，应美国和英国的一再请求，1942年初，中国组建了远征军开赴缅甸。戴安澜奉命率200师作为中国远征军的先头部队赴缅参战，"扬威国外，藉伸正义"。

戴安澜不惜冒孤军深入的危险，开进同古（今称东吁），逐次接替了英军的防务。为了掩护英军安全撤退，充分做好迎战准备，戴安澜率部日夜抢修工事，布下三道防线，阻击迟滞敌军前进。他在致夫人王荷馨的信中写道："余此次奉命固守同古，因上面大计未定，后方联络过远，敌人行动又快，现在孤军奋斗，决心全部牺牲，以报国家养育。为国战死，事极光荣。"他带头立下遗嘱：只要还有一兵一卒，亦需坚守到底。如本师长战死，以副师长代之，副师长战死，以参谋长代之。参谋长战死，以某某团长代之。全师各级指挥官纷纷效仿，誓与同古共存亡。2月25日，戴安澜率部以8 000人挡住了日军精锐的第55师团20 000余众的进攻，取得同古保卫战胜利，赢得中外赞赏。同古保卫战历时12天，200师以高昂的斗志与敌鏖战，以牺牲800人的代价，打退了日军20多次冲锋，歼灭敌军4 000多人，俘敌400多人，予敌重创，打出了国威。同年4月200师收复棠吉，再传捷报。

5月16日，戴安澜于指挥所部撤退途中，不慎中弹负伤，至5月26日时，因伤口感染严重，已糜烂穿孔，由于缅北复杂的地形和连绵的阴雨，戴安澜终因缺乏药物医治，伤口化脓溃烂，戴自知来日无多，命左右卫士将之扶起，随后向北面高呼"反攻！反攻！中华民国万岁！"后，故于缅甸茅邦村，享年38岁。

1942年7月31日，在广西全州，上万人为壮烈殉国的抗日英雄戴安澜举行隆重的安葬悼念仪式。中国共产党高度颂扬戴安澜将军的英雄气概和壮烈事迹，毛泽东题赠了挽词，"外侮需人御，将军赋采薇。师称机械化，勇夺虎罴威。浴血东瓜守，驱倭棠吉归。沙场竟殒命，壮志也无违"。周恩来题写了挽词，"黄埔之英，民族之雄"。

小链接

戴安澜语录

◎为国战死，事极光荣。

抗日女英雄——八女投江

抗日战争时期，以冷云为首的东北抗日联军 8 名女英雄，在顽强抗击日本侵略军的战斗中投江殉国，表现了中华民族同敌人血战到底的英雄气概，在人民群众中广为传颂。她们是第 2 路军第 5 军妇女团的指导员冷云，班长胡秀芝、杨贵珍，战士郭桂琴、黄桂清、王惠民、李凤善和被服厂厂长安顺福。

冷云，原名郑志民，1915 年生，黑龙江省桦川县人。1931 年入桦川县立女子师范学校读书。九一八事变后，她积极参加抗日救国活动。1934 年加入中国共产党，在佳木斯从事秘密抗日活动。1936 年，冷云与具有爱国思想的吉乃臣（后改名周维仁）加入东北抗联第 5 军，后经组织批准两人结为革命伴侣，志同道合，共同进行抗日斗争。冷云先在军部秘书处做文化教育工作，后调到 5 军妇女团担任小队长和指导员。1938 年夏，冷云强忍丈夫英勇牺牲的巨大悲痛，告别刚刚出生两个月的婴儿，随 5 军 1 师部队西征，任妇女团政治指导员。

在西征队伍中，妇女团的战士们和男战士一样跋山涉水，英勇作战。7月12日参加了攻打楼山镇的战斗。八九月间，西征部队在苇河、五常境内与日伪军连续作战，遭受重大损失，遂决定返回牡丹江下游刁翎地区寻找军部。

10月上旬，部队经过长途行军抵达牡丹江下游支流乌斯浑河西岸，日伪军千余人乘夜来袭。次日拂晓，师首长命令8名女同志先行渡河。当她们正要下河时，突然枪声大作，日伪军发起了进攻。大部队边打边撤。为掩护大部队突围，已行至河边准备渡河的8名女战士，毅然放弃渡河，在冷云率领下，分成3个战斗小组，一齐向日伪军开火。正在追赶抗联主力部队的日伪军突然遭到来自侧后方的打击，不得不分出一部分兵力向河边压来。抗联主力部队乘敌人慌乱和兵力分散之机，顺利突出重围。日伪军一方面以密集的火力控制住山口，阻止抗联主力部队的回援，一方面加强兵力向冷云等据守的河岸阵地扑来，企图活捉她们。在背水作战至弹尽援绝的情况下，8位女英雄誓死不屈。她们毁掉枪支，挽臂涉入波涛滚滚的乌斯浑河，高唱着《国际歌》，集体沉江，壮烈殉国。牺牲时，她们中年龄最大的冷云23岁，最小的王惠民才13岁。她们用青春的热血，谱写了一篇惊天地，泣鬼神的抗日史诗。

"八女投江"体现了中华儿女为民族解放事业敢于与日军血战到底的英雄气概。八女投江的悲烈壮举，令敌人震撼，日军指挥官连声哀叹："连女人都不怕死，中国灭亡不了！"东北抗联第2路军总指挥周保中得知"八女投江"后，当即题写了"乌斯河畔牡丹江岸将来应有烈女标芳"。解放后，中国共产党以"八女投江"为题材拍摄了一部电影《中华儿女》，女英雄们的高尚气节强烈地感染了千千万万个中国人民。

为弘扬八女投江的伟大精神，1986年9月7日在牡丹江市举行"八女投江纪念碑"奠基典礼。时任全国政协副主席、全国妇联主席的康克清为工程奠基题词："八女英灵，永垂不朽！"

铁血军魂——杨靖宇

　　杨靖宇（1905年2月13日—1940年2月23日），原名马尚德，字骥生，到东北后，化名张贯一，乃超，杨靖宇为其常用化名，河南省确山人。中国共产党党员，抗日名将，曾任东北抗日联军第一路军总司令、中共满洲省委的军委代理书记。他率领我东北军民与日寇血战于白山黑水之间，身经百战，出生入死，屡立战功，在冰天雪地，弹尽粮绝的紧急情况下，最后孤身一人与大量敌人周旋战斗几昼夜后壮烈牺牲。

　　杨靖宇生于1905年2月13日，出生于大地主家庭。他4岁丧父，与母亲、妹妹一起生活。1912年入私塾读书，1918年考入确山小学，1923年考入河南省立第一工业学校。

　　杨靖宇1926年加入中国共产主义青年团，在其故乡河南省确山领导农民运动。1927年4月，在确山领导农民起义，同年5月加入中国共产党。之后，组织确山刘店秋收起义，任当地农民革命军总指挥。之后到开封、洛阳等地从事地下工作。杨靖宇在河南和东北曾5次被捕入狱，屡受酷刑，坚贞不屈。

1931年九一八事变后，杨靖宇任中共哈尔滨市道外区委书记、市委书记、兼满洲省委军委代理书记。1932年秋他被派往南满，组建中国工农红军第32军南满游击队，任政治委员，创建了以磐石红石砬子为中心的游击根据地。1933年9月杨靖宇任东北人民革命军第一军第一独立师师长兼政治委员。1934年7月任东北抗日联军第一路军总司令兼政治委员。

杨靖宇率部长期转战东南满大地，威震东北，打得敌人心惊胆战，配合了全国的抗日战争。日伪军连遭打击后，加紧对东北抗日联军的军事讨伐、经济封锁和政治诱降，同时对杨靖宇悬赏缉捕。在极端艰难的条件下，他以"头颅不惜抛掉，鲜血可以喷洒，而忠贞不贰的意志是不会动摇"的崇高气节，继续坚持战斗。中共六届六中全会曾致电以杨靖宇为代表的东北抗日武装表示慰问，赞之为"冰天雪地里与敌周旋7年多的不怕困苦艰难奋斗之模范"。

1939年，日寇实施惨无人道的归屯并户政策，进行武装屯田移民，加强对南满抗日根据地的摧残，抗日联军的处境更加艰难。杨靖宇率第一路军一部一千四百多人，进入长白山密林中。次年，在蒙江县境与敌人战斗中受重大损失，队伍剩四百多人。1940年1月，为解决部队给养问题，杨靖宇命部队主力北上，自己带领一支小部队东进。到了最后，他身边仅有7名战士，4名负伤。于是杨靖宇下令4人转移。后来，他派了剩下的两名战士去村落里找些吃的，下山后，两名战士被日伪军杀死。最后，杨靖宇只身与敌周旋5昼夜。杨靖宇不愧是真正的钢铁战士，渴了，他抓一把雪吃，饿了，吞一口树皮或棉絮。他以难以想象的毅力，坚持和敌人进行顽强斗争，直至弹尽，于1940年2月23日在吉林濛江三道崴子壮烈牺牲。

对于杨靖宇将军的英勇和顽强，日军颇感惶惑：杨靖宇自2月15日以来已陷入重重包围之中，被切断食物来源。这些天他究竟怎么生存？为解疑惑，他们命令蒙江县城民众医院的医生解剖检查，看他的胃肠里究竟有什么。经解剖，杨靖宇的胃肠里一粒粮食也没有，见到的只是未能消化的草根、树皮和棉絮。参加解剖的主刀医生、民众医院院长金源大为感慨，在场的日军也都觉得不可思议：中国竟有如此威武不屈的人！残暴的侵略者也为之震惊和折服了，当年杀害将军的岸谷隆一郎特意为杨靖宇举行了"慰灵祭"——敌人虽然割下了英雄的头颅，却难以征服英雄的精神，敌人也不得不跪倒在英雄的头颅之下！

人民音乐家——冼星海

冼星海（1905年6月13日—1945年10月30日），曾用名黄训、孔宇，祖籍广东番禺，出生于澳门，是中国近代作曲家、钢琴家，于1939年所作的《黄河大合唱》是最广为人知的作品。

冼星海1905年生于澳门一个贫苦的船工的家庭，1911年随母亲辗转来新加坡，靠母亲帮佣维持生计，进入养正学校读书。正是在养正学校开始了冼星海的音乐之旅。养正学校的区健夫老师，最先赏识冼星海的音乐禀赋，并选他进入学校军乐队，让他开始接触乐器和音乐训练。当时的养正校长林耀翔，接受岭南大学专为华侨子弟返国升学所设的华侨学校校长一职，冼星海正是他亲自带往广州升学的20名养正学生之一。

1926年，冼星海入北京大学音乐传习所、国立艺专音乐系学习。1928年冼星海进上海国立音专学小提琴和钢琴，并发表了著名的音乐短论《普遍的音乐》。1929年冼星海去巴黎勤工俭学，从师于著名提琴家帕尼·奥别多菲尔和著名作曲家保罗·杜卡。

1931年，冼星海考入巴黎音乐院，在肖拉·康托鲁姆作曲班学习。不幸童年，艰苦的留学生活，不懈的奋斗意志，伟大的创造精神，不屈的民族灵魂，熔铸成一个音乐巨人。留法期间，冼星海创作了《风》《游子吟》《d小调小提琴奏鸣曲》等十余首作品。1935年回国后，冼星海积极参加抗日救亡运动，创作了大量战斗性的群众歌曲，并为进步影片《壮志凌云》《青年进行曲》，话剧《复活》《大雷雨》等谱写音乐。

抗战开始后，冼星海参加上海救亡演剧二队，后去武汉与张曙一起负责开展救亡歌咏运动。1935至1938年间，创作了《救国军歌》《只怕不抵抗》《游击军歌》《路是我们开》《茫茫的西伯利亚》《祖国的孩子们》《到敌人后方去》《在太行山上》等各种类型的声乐作品。1937年全国抗战爆发后，冼星海参加上海话剧界战时演剧二队，进行抗日文艺宣传。同年10月到达武汉，不久参加了周恩来、郭沫若等领导的国民政府军事委员会政治部第三厅，参与主持抗战音乐工作。他深入学校、农村、厂矿，向群众教唱抗日歌曲，举办抗战歌咏活动，对动员民众起了有力的配合作用。1938年冼星海任延安鲁迅艺术学院音乐系主任，并在"女大"兼课。教学之余，创作了不朽名作《黄河大合唱》和《生产大合唱》等作品。

1939年6月，冼星海光荣地加入了中国共产党。1940年，冼星海前往前苏联学习、工作，到前苏联后不久，卫国战争爆发。他因战乱和交通阻隔而难以归国。由于长期劳累和营养不良，致使肺病加重，冼星海1945年10月病逝于莫斯科。

在冼星海短促的一生中，创作生活约十余年，共作歌曲数百首（现存250余首），大合唱4部、歌剧1部、交响曲2部、管弦乐组曲4部、狂想曲1部以及小提琴、钢琴等器乐独奏、重奏曲多首。在冼星海的创作中，数量最多、影响最广的是多种多样的群众歌曲。其中有正面表现中国人民的抗日斗争、采用号召性、战斗性的进行曲形式的《救国军歌》《青年进行曲》《保卫卢沟桥》和《到敌人后方去》；有具体展示人民战争壮美的战斗图景、将抒情性与鼓动性或描绘性与概括性结合在一起的《在太行山上》《游击军》和《反攻》；有表现工农群众的劳动生活、采用特定的劳动音调和节奏写成的《顶硬上》《拉犁歌》《搬夫曲》和《路是我们开》；还有为抗战中的妇女、儿童写的《只怕不抵抗》《祖国的孩子们》和《三八妇女节歌》等等。在这些群众歌曲中，冼星海根据不同内容，创造具有不同个性特征的音乐形象，或以具有冲击力的节奏和挺拔高昂、富于棱角的旋律，表现激昂慷慨的情绪和威武豪壮的气势；或以气息宽广的旋律、舒缓沉着的节奏和抒情含蕴的音调，体现革命人民丰富的内心世界。

其中《黄河大合唱》是冼星海最重要的和影响最大的一部代表

作，作于1939年3月，并于1941年在前苏联重新整理加工。这部作品由诗人光未然作词，以黄河为背景，热情歌颂中华民族源远流长的光荣历史和中国人民坚强不屈的斗争精神，痛诉侵略者的残暴和人民遭受的深重灾难，广阔地展现了抗日战争的壮丽图景，并向全中国全世界发出了民族解放的战斗警号，从而塑造起中华民族巨人般的英雄形象。

红枪白马女政委——赵一曼

赵一曼，生于1905年，原名李坤泰，人称李姐，爱国女诗人，中国共产党优秀党员，著名抗日民族英雄。

赵一曼1905年10月27日出生在四川省宜宾县北部白杨嘴村一个封建地主家庭。父亲李鸿绪，母亲兰明福。1913年8岁的赵一曼入私塾学习，天资聪慧，成绩良好。"五四"时期，赵一曼接受进步思想，反抗封建礼教，谋求妇女解放，冲破封建地主家庭束缚，走上争取人民解放的道路。

1923年赵一曼加入共产主义青年团，1926年2月28日，赵一曼考入宜宾女子中学（现宜宾第二中学）。读书时，她被选为女中学生会常委兼交际股股长、宜宾妇联常委会主席。同年，宜宾特别支部成立时，她即由团员转为共产党员，同时担任宜宾妇联和学联党团书记。

1927年赵一曼入黄埔军校武汉分校学习；7月，武汉政府反共，她转移到上海，随即去莫斯科中山大学学习，翌年与同学陈达邦结婚。1928年冬，她因疾病和身孕，奉调回国，先后到宜昌、上海、南昌等处做地下工作。1932年春，她被派到东北地区工作，更名为赵一曼，先后在奉天（沈阳）、哈尔滨领导工人斗争。

值得一提的是，赵一曼死后，丈夫陈达邦并不知道她已经改了名字，电影《赵一曼》播出时他都不知道赵一曼就是自己的妻子李一超。赵一曼的姐姐还给周恩来总理写了一封信，要求查找曾经在中共中央机关工作过的李一超。然而，周总理看了这封信之后，怎么也想不起李一超究竟是谁。直到1952年，她给陈宗瑛写信说经过赵一曼的战友仔细辨认，赵一曼就是李一超。这个时候赵一曼的真实身份才得到确认。

1934年7月，赵一曼赴哈尔滨以东的抗日游击区，任珠河中心县委委员，后任珠河区委书记，一度被抗联战士误认为是赵尚志总司令的妹妹。1935年秋，她兼任东北人民革命军第三军一师二团政委，群众亲切称她"瘦李"、"李姐"，被当地战士们亲切地称为"我们的女政委"。日伪报纸也为之惊叹的这位"红枪白马"的妇女。

1935年11月，与日伪军作战时，赵一曼不幸因腿部受伤被捕。日军为了从赵一曼口中获取到有价值的情报，找了一名军医对其腿伤进行了简单治疗后，连夜对其进行了严酷的审讯。

面对凶恶的日军，将生死置之度外的赵一曼忍着伤痛怒斥日军侵略中国以来的各种的罪行。凶残的日军见赵一曼不肯屈服，使用马鞭狠戳其腿部伤口。身负重伤的赵一曼表现出了一个中国人应有的坚强的意志和誓死抗日的决心，痛得几次昏了过去，仍坚定地说："我的目的，我的主义，我的信念，就是抗日。"她没说出一字有关抗联的情况。

1935年12月13日，因赵一曼腿部伤势严重，生命垂危，日军为得到重要口供，将她送到哈尔滨市立医院进行监视治疗。赵一曼在住院期间，利用各种机会向看守她的警察董宪勋与女护士韩勇义进行反日爱国主义思想教育，两人深受感动，决定帮助赵一曼逃离日军魔掌。1936年6月28日，董宪勋与韩勇义将赵一曼背出医院送上了事先雇来的小汽车，经过辗转后，赵一曼到了阿城县境内的金家窝棚董宪勋的叔叔家中。6月30日，赵一曼在准备奔往抗日游击区的途中不幸被追捕的日军赶上，再次落入日军的魔掌。赵一曼被带回哈尔滨后，凶残的日本军警对她进行了比老虎凳、灌辣椒水更加严酷的刑讯。据敌伪档案记载，日本宪兵为了逼迫她供出抗联的机密和党的地下组织，对她进行了残酷的拷问。刑讯前后采用的酷刑多达几十种，其中就包括电刑。但她始终坚贞不屈，没有吐露任何实情。

日军知道从赵一曼的口中得不到有用的情报，决定把她送回珠河县处死"示众"。8月1日，赵一曼被押上去珠河县（现尚志市）的火车，她知道日军要将她枪毙了，此时，她想起了远在四川的儿子，她向押送的警察要了纸笔，给儿子写了一封催人泪下的遗书："母亲对于你没有能尽到教育的责任，实在是遗憾的事情。母亲因为坚决地做了反满抗日的斗争，今天已经到了牺牲的前夕了。希望你，宁儿啊！赶快成人，来安慰你地下的母亲！在你长大成人之后，希望不要忘记你的母亲是为国而牺牲的！"

1936年8月2日，敌人将赵一曼绑在大车上，在珠河县城"游街示众"。面对敌人的屠刀，她大义凛然，毫无惧色，高呼"打倒日本帝国主义"、"中国共产党万岁"的口号，壮烈牺牲于珠河县小北门外，年仅31岁。

中国人民会永远牢记女民族英雄赵一曼可歌可泣的抗日事迹。新中国成立后，朱德为赵一曼题写了"革命英雄赵一曼烈士永垂不朽"的题词，哈尔滨人为纪念将她，把东北烈士纪念馆（曾经的伪满警察厅）门前的街道命名为一曼街。

传奇将军——赵尚志

赵尚志是东北抗日联军创建人和领导人之一。毛泽东曾赞扬说："有名的义勇军领袖杨靖宇、赵尚志、李红光等等，他们都是共产党员，他们的坚决抗日、艰苦奋斗的战绩是人所共知的。"

赵尚志，1908年10月生，辽宁省朝阳县人，1919年随全家流亡哈尔滨，早年投身学生爱国运动。1925年夏加入中国共产党，是东北地区最早的共产党员之一。同年冬受党组织派遣南下广州考入黄埔军校第五期学习，并加入了中国共产党领导下的青年军人联合会。1926年5月，因对蒋介石策动的反共的"中山舰事件"和"整理党务案"不满，毅然退出黄埔军校，按照党的要求，回到哈尔滨参加革命活动。赵尚志曾两次被捕入狱，面对敌人的严刑拷打和百般诱惑，他严守党的机密，始终坚贞不屈。1931年九一八事变后经党组织营救出狱，被任命为中共满洲省委常委、军委书记。

1933年10月，他参与领导创建北满珠河反日游击队，任队长。游击队创立时，他带领队员们庄严宣誓："我们珠河反日游击队全体战士，为收复东北失地，争回祖国自由，哪怕枪林弹雨，万死不辞，赴汤蹈火，千辛不避，誓为武装东北三千万同胞，驱逐日寇出东北，为中华民族的独立解放奋斗到底！"

随着部队的发展壮大，1934年6月，赵尚志任东北反日游击队哈东支队司令，与李兆麟等领导创建了珠河抗日游击根据地。他率领支队英勇作战，拔除敌人据点，清算汉奸走狗，取得了五常堡、肖田地等多次战斗的胜利，有力打击了日军的嚣张气焰，扩大了哈东支队的政治影响。在珠河中心县委和赵尚志的领导下，根据地从珠河县的铁南、铁北扩展到宾县、延寿、方正、阿城、五常、双城等县的东西200多里、南北350多里的广大地区

根据中共满洲省委的指示，1935年1月，以哈东支队为基础，正式成立了东北人民革命军第三军，赵尚志任军长。随后，他率领第三军主力北上松花江下游地区，与夏云杰领导的汤原游击队会合，扩大和巩固了汤原抗日游击根据地，并帮助汤原游击队完成了改编任务。1936年1月，赵尚志任北满抗日联军总司令部总司令。同年8月任东北抗日联军第三军军长。后任中共北满临时省委执委会主席、东北抗日联军第二路军副总指挥。面对日伪军的疯狂"讨伐""清剿"，在极其艰难困苦的险恶环境中，赵尚志率领抗联部队同日伪军进行了英勇无比的战斗。他们冒着零下40多度的严寒，远征松嫩平原，爬冰卧雪，风餐露宿，用歌声抵御着饥饿和寒冷，战胜了

数不清的难以想象的困难。在半年多的远征中，纵横数千里，作战百余次，打破了日伪军一次次的重兵"讨伐"和"清剿"。

1940年夏，赵尚志被当时的北满省委以反王明、康生为由错误地开除党籍。但他忍辱负重，仍率小分队坚持抗日斗争。他对周围的同志说："我生是共产党的人，做党的工作是我一生的任务，我一天也不能离开党，死也要死在东北抗日战场上。"1942年2月12日，他在率部对敌人作战中身负重伤被俘，誓死不降，痛斥敌人。穷凶极恶的敌人割下了他的头颅，运到长春庆功，把他的躯体扔进了松花江的冰窟中。赵尚志壮烈牺牲时，年仅34岁。

新中国成立后，为了表彰赵尚志的抗日功绩并永远缅怀这位抗日英雄，人民政府把珠河县改名为尚志县，把他的牺牲地改为尚志村，把哈尔滨的一条主要街道命名为尚志大街。

视死如归——狼牙山五壮士

"狼牙山五壮士"是指抗日战争时期，在河北省易县狼牙山战斗中英勇抗击日伪军的八路军5位英雄，他们是马宝玉、葛振林、宋学义、胡德林，胡福才。他们用生命和鲜血谱写出一首气吞山河的壮丽诗篇，在战斗中他们临危不惧，英勇阻击，子弹打光后，用石块还击，面对步步逼近的敌人，他们宁死不屈，毁掉枪支，义无反顾地纵身跳下数十丈深的悬崖，马宝玉、胡德林、胡福才壮烈殉国；葛振林、宋学义被山腰的树枝挂住，幸免于难。5位战士的壮举，表现了崇高的爱国主义、革命英雄主义精神和坚贞不屈的民族气节，被人民群众誉为"狼牙山五壮士"。

1941年，侵华日军对晋察冀根据地河北易县的狼牙山地区抗日根据地进行了连续的"扫荡"，制造了田岗、东娄山等多起惨绝人寰的惨案，妄图以凶残的"三光"政策，"蚕食"我抗日根据地。

9月23日，日军分三路向易县进军，妄图包围杨城武司令员指挥的晋察冀军区一分区。24日，3 500名日伪军突然包围了狼牙山地区，将邱蔚团以及易县、定兴、徐水、满城四个县的游击队以及周围人民群众共2 000多人围住，形势十分严峻。邱蔚团长急速将此情报告杨成武司令员，为解救游击队员与当地百姓，杨城武司令员制定了"围魏救赵"的作战方案，命令3团、20团佯攻管头、松山、甘河一带日军，促使日军从狼牙山东北方向调兵增援，以便于被围的游击队员与人民群众从狼牙山东北方向突围。

邱蔚团长根据此作战方案将掩护部队转移的任务交给7连。午夜，邱蔚团长指挥部队及当地群众从盘陀路安全地转移到了田岗、牛岗、松岗一带。清晨，日伪军误以为邱蔚团已经被包围，在飞机、大炮的掩护下，500多日伪军凶猛地向狼牙山方向攻来。

7连战士早就在敌人必经的路上埋下地雷，炸得日伪军丢下50多具尸体慌忙地逃了回去。日军指挥官深信邱蔚团已被围住，命令部队再次疯狂地向狼牙山方向进攻。激战中，7连战士大部分牺牲，连长刘福山身负重伤，生命垂危。为了让大部队及7连受伤的战士能安全地转移，指导员蔡展鹏命令马宝玉这班留下坚守。为了拖住并吸引日伪军，马宝玉带领葛振林、宋学义等5名战士边打边向棋盘陀方向撤退，把日伪军引向悬崖绝路。当他们退到棋盘陀顶峰时子弹已经全部打光，他们就举起石块向日伪军砸去。日伪军发现他们已经没有子弹了，蜂拥向山顶冲来，并叫喊道："捉活的，捉活的！"

马宝玉、葛振林、宋学义、胡德林、胡福才5人宁死不屈，为了不让日伪军活捉与武器落到日伪军手中，他们砸碎枪后，高呼"打倒日本帝国主义！""中国共产党万岁！"等口号纵身跳下悬崖。马宝玉、胡德林、胡福才三人壮烈牺牲，但副班长葛振林、战士宋学义被山崖上的树枝挂住，幸免于难。班长马宝玉等五名战士的英雄壮举迅速传遍全军全国，被誉为"狼牙山五壮士"。

1942年5月，晋察冀军区举行了"狼牙山五壮士"命名即反扫荡胜利祝捷大会，晋察冀军区领导机关授予三名烈士"模范荣誉战士"称号，并追认胡德林、胡福才为中国共产党党员；通令嘉奖葛振林、宋学义，并授予"勇敢顽强"奖章。

狼牙山五壮士大无畏的牺牲精神和坚贞不屈的民族气节受到聂荣臻司令员的高度评价，他说："他们身上体现了中国共产党领导的人民军队的优秀品质，体现了中华民族的英雄气概。"

解放军楷模——张思德

张思德（1915年4月19日—1944年9月5日）四川仪陇人，中国人民解放军的楷模。"为人民服务"是毛主席给张思德的题词，也是张思德一生的写照。

1951年4月19日，张思德出生在四川仪陇县六合乡韩家湾的佃农张行品家中。张家本来就生活艰难，张思德的母亲产后得病，卧床不起，在生下他七个月后离开了人世。临死前，她把张思德托给了他的叔叔张行忠和婶娘刘光友收养。此后，张思德一家的生活更加艰难。穷人的孩子早当家，张思德很小就下地干活了。七八岁，正是上学念书的年纪，可他却成了割草、挖菜的劳力。尽管养父母终日辛苦，家人仍然难得吃上一顿饱饭。

1933年红军来到张思德的家乡，成立了革命政权。同年12月，张思德加入了少先队，不久又参加了红军。从1933年至1934年粉碎国民党对川陕根据地的两次大规模围攻的战斗中，张思德英勇杀敌、屡立战功，被战友们称赞为"小老虎"。在攻打关门梁的战斗中，他参加尖刀班，冒着弹雨枪林，和战友搭成人梯，攀上寨顶，炸开寨门，为部队打开了通路。接着，他又带领6个战友，扼守一个山包，粉碎了敌军两个排的多次进攻。在另一次战斗中，他冒着枪林弹雨，跑进深谷，攀崖绕行，插入敌后，在接近敌阵时，扔出手榴弹，炸死了敌人，趁着浓烟，扑上高坡，夺来一挺机枪，战友们一齐冲上去，歼灭了敌人。战斗中，张思德虽负了伤，却满脸笑容。在又一次战斗中，他迎着浓烟烈火，在水田、小丘、深沟里，持续与敌拼搏。子弹打光了，敌人扑上来，他就用手榴弹炸死敌人。后面敌人又上来了，他在田坎上同敌人白刃格斗。一个敌人举枪向他刺来，他猛挥大刀，将枪拨开，一脚把敌人踢倒在水田里，将敌人砍死。接着，又有两个敌人向他扑过来，他用脚猛击田水，使敌人的头上溅满了水，两眼被迷住了。当敌人急着摇头擦眼时，他用全力扑上去，举起大刀，把他们劈死了。这时，飞来一颗子弹，打伤他的右臂，连长叫他退出火线，他倔强地说："不，只要还有一口气，我就要战斗！"

随红军长征到达陕北后，张思德调到中央军委警卫营通讯班当班长，在数年的通讯工作中，张思德兢兢业业，吃苦耐劳，认真负责，完成任务准确无误。1940年初夏，为解决中央机关冬季采暖问题，他带领一班人到延安以南的土黄沟的深山老林中烧木炭。烧炭要打炭窑，洞口很小，里边却很大，每次要出500公斤木炭。木材在窑中要立起来放，还要会看火候。开窑出炭是非常辛苦的，里边活像一座焚化炉。那时没有任何防护用品，连起码的手套都没有。人要爬进去，将木炭一根一根地传出来，外边的人接应。进去一次，人就闷热得好像要脱一层皮。这种最脏最苦的活儿，张思德总是抢在最前面。苦战三个月，经过伐树、烧火、出窑、捆扎、运输等数道繁重的工序，终于把八万斤烧炭运到了延安。

1941年，抗日战争进入最艰苦的时期，为克服敌人封锁带来的经济困难，张思德随警卫营到南泥湾开荒。他带领全班战士，克服生活上的许多困难，努力完成上级交给的生产任务。同时，他还照常担负通讯工作，白天生产劳动干了一天活，不顾劳累，在夜里又长距离步行送信，完成通讯任务。

1942年冬，张思德从南泥湾调回延安。不久，因部队整编，领导调他这个班长去另一个班当普通战士。对此，他毫无怨言，服从革命的需要，不计较个人的名利得失。1943年初夏，被调到枣园内卫班，在毛泽东身边当警卫战士。张思德到内卫班后，精神更加振奋，工作也更加积极。他常说："毛主席是我们革命的带路人，热爱领袖就是热爱革命。"他为了能使毛泽东愉快地工作和生活，把全部心血都用到照料毛泽东主席的生活和警卫工作上。

1944年，抗日战争进入了第七个年头。为了打破国民党的封锁，彻底打败日本侵略者，延安边区军民的大生产运动搞得更加热火朝天。这年夏天，上级决定内卫班的部分同志到延安北边的安塞去烧木炭，以解决枣园机关的冬季取暖问题。听到这个消息，大家都争着要去，领导知道张思德烧过木炭，就指派他带领4位同志到安塞县石峡峪村去烧炭。9月5日，张思德在炭窑内工作时，炭窑突然崩塌，他不幸牺牲，享年29岁！

虽然张思德是一名普通的共产党员、一名普通的战士，但是毛泽东主席，在张思德追悼会上作了题为《为人民服务》的著名演讲，对张思德全心全意为人民服务的革命精神给予了高度评价："张思德同志是为人民利益而死的，他的死是比泰山还要重的。"一个普通战士之所以引起领袖的如此关注，是因为在张思德的身上，体现了中国共产党全心全意为人民服务的宗旨，而坚持这个宗旨，正是我们党和军队战胜一切敌人、战胜一切困难的力量所在。

中国的保尔·柯察金——吴运铎

吴运铎，1917年生人，我国兵工事业的开拓者，是中国抗日战争时期革命根据地兵工事业的开拓者、新中国第一代工人作家。吴运铎在军工生产中曾负过三次重伤，先后失去左手、左眼，炸残了右腿。他以惊人的毅力，写成了10万字的自述体小说《把一切献给党》，被誉为中国的保尔·柯察金。

吴运铎1917年1月17日生于湖北省武汉市汉阳镇的一个农民家庭。父亲当过学徒、小职员。吴运铎8岁时随父亲流落到江西萍乡；在安源煤矿读完小学四年级之后，因家境困难被迫辍学，回到湖北老家。此后吴运铎先后在富源、源华煤矿作童工、当学徒。

1938年9月，吴运铎转辗到皖南根据地，参加了新四军，并在军司令部修械所工作。1939年5月他加入中国共产党，从事地下组织活动。在革命队伍中，吴运铎读完了中学课程，并自修了机械制造专业理论。他先后在新四军二师军械制造厂和新四军兵工厂担任技术员、副厂长和厂长。当时条件十分困难，一无资料，二无材料，为了供应前方的军需，吴运铎毅然挑起了重担。在敌人重重封锁下，火药原料是找不到的，吴运铎只好去找代用品。想方设法将红头火柴的头刮下来，用酒精泡开，制成火药。没有酒精，就用老烧酒蒸馏后，代替酒精使用。因为火柴头爆炸力太强，他就用锅灶上的烟锅子掺在一起，配成合用的火药。后来红头火柴用量大，根据地又供应不上，就从药店里买来雄黄和洋硝，混合配制，才解决了难题。制造弹头的材料更加缺乏，他就试着把铅熔化了注入模型，做子弹头。但铅经不住高热，步枪有炸毁的危险，后改用铜元，放在弹头钢模里压成空筒，做成尖头的子弹头，里面灌上铅，才试验成功。为制造军工机床，他就组织大家用废铁堆里找到的几节切断了的钢轨，中间钻洞安装上模型，然后把铁轨钉在案上，算是代用的"冲床"了。

吴运铎就这样利用废钢铁，加工成各种简易的机床，装备了军工厂，突破了难题。他还先后发明、制造了各种地雷和手榴弹。在条件极端艰难、困苦的状况下，军工厂修复了大量枪械。吴运铎工作勤奋，生活俭朴，始终保持着工人阶级本色。他坚持实践第一的原则，经常深入工厂车间和试验场，亲自动手，与技术人员和工人一起研究产品的改进，使得技术成果能迅速转化为可靠的产品，大大缩短了兵工产品的研制周期。更不得不说的是，为试制各种弹药，他先后数次严重负伤，砸坏了左腿，炸断四根手指，炸瞎了左眼，身上大大小小留下了无数伤疤。经过20余次手术，吴运铎身上还留有几十处弹片没有取出，但他以顽强毅力战胜伤残，坚持战斗在生产第一线。即使在健康状况恶化的情况下，他仍在思索着兵器的改进问题，并且不停地绘制方案草图。他说："只要我活着一天，我一定为党为人民工作一天。"

1947年初春，吴运铎被派送到东北一个海港，留下参加建设新的军工厂，担任总厂工程部副部长，负责建立引信厂，兼任厂长。全国解放后，吴运铎先后任前中南兵工局副局长、二机部第一研究所所长和兵器科学研究院副院长兼总工程师，并于1952—1954年在前苏联远东兵工厂进修实习。回国后，任447厂（新建火炮工厂）总工程师。此后他又从事火炮技术研究。1954—1965年间，他主持无后坐力炮、高射炮、迫击炮和轻武器等多项重大课题研究，取得了重大成果，并且为国家培养了一批年轻的兵工专家，为国防现代化和改善我军装备作出了贡献。

1951年10月，中央人民政府政务院和全国总工会授予他特邀全国劳动模范称号，并将他誉为中国的"保尔·柯察金"。

1953年，吴运铎拖着伤残的身体写下了自传体小说《把一切献给党》，小说写的是一个普通工人成长为无产阶级优秀战士的感人故事。这本书发行达500余万册，并被翻译成俄、英、日等多种文字，成了那个时代鼓舞人们奋发向上的"教科书"。

 小链接

吴运铎语录

◎把我们的力量、我们的智慧、我们的生命，我们的一切，都交给祖国，交给人民，交给党。

◎我们时代的年轻人，虽然不是驴推磨似的打发日子，如果我们今天不比昨天做得更好，也学得更多，生活就会失去意义。

剿匪英雄——杨子荣

杨子荣，1917年生人，原名杨宗贵，山东牟平人。1945年参加八路军，历任战士、班长、团侦察排长等职。虽然参军只有一年多时间，但从1946年2月进驻海林剿匪，他参加大小战斗上百次，每次都出色地完成了上级交给的任务，多次立功受奖，并被评为"侦察英雄"、"战斗模范"。1947年，杨子荣一举将"座山雕"及其联络部长刘兆成、秘书官李义堂等25个土匪全部活捉，创造了深入匪巢以少胜多的战斗范例。

1917年1月28日，杨子荣出生于山东省牟平县嵎岬河村。1929年，12岁的他随父母逃荒下关东，在安东（今辽宁省丹东市）一家缫丝厂里当童工。九一八事变后，日军侵占安东地区，杨子荣的父亲染病身亡。母亲领着两个妹妹回山东老家，留他在安东继续谋生。四年后，他和老乡结伙到鸭绿江上当船工，顺水放排，逆水拉纤。后来，他被日军抓去当劳工，流放深山采矿，过着牛马一般的生活。他饱尝了人间的疾苦和亡国奴的滋味，结识了不少患难与共的朋友。1943年，他不忍日军的欺凌，带头打了为日军服务的工头，从东北跑回山东家乡。

杨子荣回家以后，秘密加入民兵组织，积极参加抗日斗争。1945年8月，他参加八路军解放牟平城的战斗。同年秋，29岁的杨子荣报名参加八路军，编入胶东海军支队。10月下旬，胶东海军支队赴牡丹江地区剿匪，11月，杨子荣加入中国共产党。部队改编后，杨子荣编在牡丹江军区二团三营七连一排一班。首长见他是个"年龄不轻，军龄不长"的老兵，便分配他到伙房当炊事员。他经常冒着敌人的炮火，把热饭送到前线，帮助抢救伤员，关键时刻还给排长、连长出主意、当参谋，博得指战员的称赞和喜爱。

牡丹江地区匪患严重。杨子荣所在部队，担负着剿匪、保卫土改的重任。首长派杨子荣等30多人，化装成便衣，先行到达海林镇。杨子荣进入地主武装孙江司令部，敦促其放下武器，拒降者，就地缴械。1946年2月2日，海林镇解放。

一次夜行军，杨子荣所在部队拂晓前在密林中跟绰号"姜左撇子"的惯匪遭遇。杨子荣巧逼姜的副官喊话，智擒"姜左撇子"及姜部百余人。1946年3月20日早晨，三营在杏树沟追击李开江部李匪据险顽抗，杨子荣与营长交换了作战意见，部队正面佯攻，进行火力侦察。杨子荣带领一班人迂回到敌人阵地侧后，他示意副班长和战士隐蔽好，独自一人跃出掩体，巍然挺立在敌群中，威逼400余名敌人放下武器，迫使匪首李开江、张德振投降。因多次表现优异，杨子荣被评为团战斗模范。

大股匪徒歼灭后，小股残匪流窜于深山老林中。部队首长组建武装侦察小分队（团侦察排），消灭残匪。小分队负责人由既熟悉当地情况、又有独立指挥作战能力的杨子荣担任。小分队组建后，首先生擒了所谓许家四虎（许福、许禄、许祯、许祥），消灭了李发林、马希山等惯匪。此时，还有一小股土匪，隐藏的更加隐秘，由外号"座山雕"匪首统领。"座山雕"本名张乐山，原籍山东昌潍，2岁时随堂兄到牡丹江，15岁进山当土匪，18岁便当上了匪首，有50多年的土匪生涯，历经清末、北洋军阀、伪满三个时期。此人老谋深算，诡计多端，在匪徒中颇有声望，内部人称"三爷"。当年，张作霖和日军都曾想消灭他，但都没成功。日本投降后，他接受国民党的委任，当上了"国民党东北先遣军第二纵队第二支队司令"。剿匪部队进驻牡丹江地区后，曾对这股土匪进行多次围剿，消灭了他的大部分人马，只剩下身边二三十个亲信死党，隐蔽在深山老林里，一心等着国民党大军到来。他们时常出没山林，抢掠百姓，杀革命干部，继续作恶。按照以往的经验，对这种小股土匪，用大部队围剿是行不通的。团里决定，由杨子荣带领5名侦察员，扮成土匪模样，进山搜寻"座山雕"的匪窝，并待机剿灭。同时，派出部队跟踪配合。

1947年1月26日，农历正月初五，杨子荣一行6人接到命令后，立即出发，向海林北部的密林深处开拔。杨子荣深入林海雪原，假扮成敌人，与土匪斗智斗勇。他们先是在山中遇见两个土匪，两人用一番土匪黑话试探，见杨子荣对答如流，才亮出了真实身份。一位自称姓刘，是"座山雕"的副官，另一位被称为连长，两人表示同意引荐杨子荣等人上山，并说要下山办些酒肉，准备在山上过元宵节，等禀报"三爷"后，再来接他们上山入伙。两天后，两人如约来到杨子荣他们住的工棚。杨子荣让战士把两个土匪给绑了，并假意解释说：现在不知道是否是自己人，只好先委屈一下，到了山上再说。两个土匪觉得到了山上自会见分晓，也没太在意，就领着杨子荣他们直奔"威虎山"。

"座山雕"确实真够狡猾的，一路上设了三道哨卡，当初要是派大部队清剿，不论惊动了哪一道哨卡，土匪都能逃得无影无踪。杨子荣他们每过一道哨卡，都由两个土匪上前搭话，然后，把岗哨也一块绑了，一同押上山。过了第三道哨卡不远，就到了"座山雕"的老巢——一座被当地人称做"马架房子"的木棚。杨子荣命令三个战士在外面看好土匪，他带领另外两个战士冲进棚子，各自占据有利位置，枪口对准土匪。棚子里一共7个土匪，其中一个白头发、黑脸膛、长着鹰钩鼻子、留着一把山羊胡子的瘦小老头就是臭名远扬的"座山雕"。杨子荣命令战士把"座山雕"和其他几个土匪一起绑了。这次剿匪可谓大获全胜，没费一枪一弹，端了土匪的老窝，活捉了阴险狡猾的"座山雕"和土匪13人。杨子荣活捉"座山雕"的消息，很快传遍了整个海林镇，当地老百姓无不欢欣鼓舞，奔走相告。《东北日报》以《战斗模范杨子荣等活捉匪首座山雕》为题，进行了报道，称这次剿匪战斗是"以少胜多创造范例"。东北军区司令部给杨子荣记了三等功，授予他"特级侦察英雄"的光荣称号。

2月20日，也就是活捉"座山雕"的第13天，杨子荣又领了新的任务，踏上了新的剿匪征程，这次是负责清剿在海林北部梨树沟一带活动的漏网残匪。2月23日，杨子荣在追歼顽匪郑三炮、刘焕章时，不幸中弹牺牲，时年30岁。杨子荣生前所领导的侦察排，被命名为"杨子荣排"。烈士的遗体安葬在海林县烈士陵园。

爱兵爱民模范——王克勤

当全军著名的爱兵爱民模范和杀敌英雄、晋冀鲁豫野战军第6纵队某部排长王克勤英勇牺牲的消息传到野战军总部后，刘伯承司令员激动地说："蒋介石一个旅也换不来我一个王克勤!"1947年7月18日，刘伯承以自己和政委邓小平的名义亲笔给王克勤所在部队发去《以极悲痛的心情悼唁本军著名英雄王克勤同志》的唁电，称赞他是"战斗与训练，技术与勇敢结合的，为我全军所学习的新的进步的范例"。

王克勤，1920年生，安徽阜阳县人。1939年7月被国民党军队抓壮丁。1945年10月，在邯郸战役中的平汉战斗被解放参加中国人民解放军。1946年9月加入中国共产党。在党和人民军队的培养下，迅速成长为具有高度政治觉悟、英勇善战的优秀战士。王克勤作战勇敢，战绩显著，9次立功，1945年10月至1946年10月，他一人歼敌232名，俘敌14名，被评为"一级杀敌英雄"、"模范共产党员"。当班长后，王克勤继承发扬人民军队的光荣传统，善于做深入细致的思想工作。班里每补充新战士，他总是现身说法，启发新战士的无产阶级觉悟。他用"在家靠父母，革命靠互助"的格言，教育大家搞好团结，并组织起两个互助小组，开展思想、技术、生活三大互助活动，这对提高班集体的凝聚力和战斗力起到很大作用。

1946年10月6日，在山东巨野县徐庄阻击战中，王克勤带领全班发挥战斗互助作用，与国民党军激战一天，打退敌人数次进攻，歼灭大量敌人，全班无一伤亡，圆满完成任务。战后，全班荣立集体一等功，3人被评为战斗英雄，他被提升为排长。中国人民解放军刘、邓所属部首先普遍开展了学习王克勤运动，第六纵队先后授予王克勤"战斗英雄"、"三大互助模范"和"模范共产党员"的称号。

1946年12月10日，延安《解放日报》发表以《普遍开展王克勤运动》为题的社论，称赞他"为中国人民解放事业创造了新的光荣的范例"，号召全军部队普遍开展"王克勤运动"。他的"三大互助"带兵经验迅速在全军推广，对人民军队建设具有重大意义。

1947年刘邓大军挺进中原，7月10日，在鲁西南战役中，王克勤受命担任定陶北门的攻坚任务，率领全排奋勇登城，负伤后仍坚持指挥战斗，因流血过多，于11日凌晨英勇牺牲。为纪念他，他生前所在排被命名为"王克勤排"。

王克勤在战斗中创造了一套带兵经验和团结互助运动。主要内容是：开展思想互助，组织战士介绍个人家史、个人经历和我军战

第一编
烽火忠魂

斗传统，提高战士特别是新战士的阶级觉悟；开展生活互助，根据训练、行军和作战之需，把全班分为两个或两个以上的互助组，以老带新，以长补短，训练中互帮互学，生活上互相关照，战斗中互相支持；开展技术互助，练兵学技术、战术，相互高标准严要求，战时灵活利用地形地物，根据敌人攻防方式而改变战术。王克勤创造的三大互助运动在当时具有重大意义，为我军提供了建军经验，特别对刚参加我军的大量新兵的改造与提高，是行之有效的好办法。

丹心向阳——江竹筠

江竹筠（1920年8月20日—1949年11月14日），原名江竹君，被捕后化名为江竹筠，四川自贡人。1939年春考入中国公学附中读高中，加入中国共产党。1940年秋，考入中华职业学校会计班学习，任该校中共党组织负责人。1949年11月14日，江竹筠与31名难友一同壮烈牺牲在中美合作所集中营，年仅29岁。

江竹筠1920年生于四川自贡。10岁的时候，江竹筠到重庆的织袜厂当了童工，因为人还没有机器高，老板就为她特制了一个高脚凳。11岁时，她又进了重庆的一所教会办的孤儿院，边做工边读书。在苦难的生活经历中，江竹筠对当时的社会制度充满了憎恨，同时也养成了刻苦学习的精神。她在上学时非常用功，记忆力超群。

江竹筠于1939年考入重庆的中国公学，秘密加入了共产党。1943年4月，党组织派23岁的江竹筠以假夫妻的身份，配合地下党重庆市委领导人之一的彭咏梧开展工作，主要任务是负责通信联络。他们二人只有夫妻之名，实际上还是领导与被领导、上级与下级之间的关系。在工作中，老彭十分关心江竹筠的安全。为了躲避重庆特务的跟踪，翌年，老彭让她报考成都的四川大学——那里号称民主堡垒，比较安全。江竹筠只读过一年高中，却向老彭保证："为了完成党交给的任务，我愿意拼命！"经过3个月的复习，她终于考上了四川大学农学院植物病虫系，翌年转入农艺系。老彭则经常以丈夫的名义去看望并布置工作。

在四川大学期间，江竹筠学会了俄语，并阅读来自前苏联的书籍和报刊。1944年暑假回到重庆时，她参加了中苏友协招待会，会上放映了前苏联故事影片《丹娘》——英勇不屈的卓娅成了江竹筠心目中的楷模。在狱中她受酷刑后，难友们把她称为"中国的丹娘"。当年的革命需要这种时代精神，而后人在为理想而奋斗时，同样能够从江竹筠身上得到教益。

1945年，并肩战斗了两年的彭咏梧和江竹筠正式结为夫妇。一年后，儿子彭云出生。夫妇俩把孩子寄养在别人家里。江竹筠为了在地下斗争中轻装上阵，毅然做了绝育手术。

1946年，江竹筠毕业后回到重庆，参加和领导学生运动。1947年春，中共重庆市委创办《挺进报》，江竹筠具体负责校对、整理、传送电讯稿和发行工作，只几个月的时间，报纸就发行到1 600多份，引起了敌人的极大恐慌。也是这一年的秋天，彭咏梧、江竹筠夫妇奉中共南方局的指示赴川东打游击。翌年春节前夕，彭咏梧在战斗中壮烈牺牲，头颅被敌人割下挂在城门上示众。江竹筠路过城门时突然看到这一情景，心如刀绞，为防旁边的敌人发现，还要表现出镇定。此后，她继续战斗在川东的门户万县。

1948年4月，《挺进报》的发行机关被伪装进步的特务打入，以顺藤摸瓜的方式破坏了重庆市委，6月间，江竹筠被逮捕。在押往重庆的码头途中，她碰巧遇到了已经成了叛徒的原中共川东地委书记涂孝文，立即机智地大声呵斥叛徒，使得叛徒无法再伪装害人。

江竹筠被送到重庆的"中美特种技术合作所"的"渣滓洞"监狱后，惨遭手指钉竹签等毒刑的残酷折磨，仍坚贞不屈，并领导狱中的难友同敌人展开坚决的斗争。据同牢难友讲，在狱中，她背诵和默写下毛泽东《新民主主义论》和刘少奇《论共产党员的修养》，供难友们学习。当新中国的五星红旗在天安门升起时，她和渣滓洞里的难友们虽不知国旗的图案，却也以憧憬的心情商议着绣制这面代表解放的旗帜——尽管她们知道自己已看不到胜利的那一天。

狱中的江竹筠仍时时惦念着自己的儿子。1949年初秋，她利用一个难友出狱的机会，事先用竹签蘸着棉花灰兑水调成的"墨汁"，给同样是共产党员的哥哥江竹安写了一封信："假如不幸的话，云儿（指彭云）就送给你了，盼教以踏着父母之足迹，以建设新中国为志，为共产主义革命事业奋斗到底。"

1949年11月14日，江竹筠被特务秘密枪杀，然后被敌人用镪水毁尸灭迹，时年29岁。

重庆刚解放时，罗广斌在一本小册子中发表了《江竹筠烈士小传》。罗广斌是由江竹筠介绍入党，并在她的领导下工作。1951年纪念建党30周年时，重庆《大众文艺》发表了杨益言所写的《圣洁的血花》征文，也是以江竹筠烈士为题材的。1959年，中国青年出版社出版发行了的《在烈火中永生》。此后，罗广斌、杨益言以3年的艰苦创作写出长篇小说《红岩》。此书仅国内就先后发行800多万册，可以说影响了一代人。

小链接 ....

江竹筠语录

◎ 严刑拷打算不了什么，竹签子是竹子做的，而共产党员的意志是钢的。

舍身炸碉堡——董存瑞

董存瑞（1929年10月15日—1948年5月25日），河北省怀来县人，中国人民解放军东北野战军第十一纵队三十二师九十六团二营六连二排六班班长。在解放隆化县的战斗中，因部队受阻于敌军的桥型暗堡，董存瑞毅然抱起炸药包，冲至桥下，因身边无处安放炸药包，危急时刻，董存瑞毫不犹豫地用自己的身体充当支架——手托炸药包，英勇牺牲。

董存瑞1929年10月15日生于河北省（原察哈尔省）张家口市怀来县南山堡村，小时因家境贫穷，只读过一年书。1940年，南山堡建立抗日政权，他参加了儿童团，并被选为儿童团长。15岁，成长为一名出色的小民兵。

1945年7月，董存瑞光荣地成为一名人民军队的战士，以后历任副班长、班长。1946年4月初，在察北重镇独石口遭遇战中，他机智地夺下敌人的一挺机枪而被记大功一次，被部队授予勇敢奖章。1947年初的长安岭阻击战，他在班长牺牲、副班长受重伤的情况下，挺身而出，自任班长，如期完成了狙击任务，又立大功一次。

经过党的培养教育和战火锤炼，董存瑞在两年多时间，立过三次大功，四次小功，荣获三枚勇敢奖章和一枚毛泽东奖章。

1947年3月，在平北整训期间，董存瑞入了党。1948年春，在新式整军运动中，董存瑞带领的六班被师部誉为"董存瑞练兵模范班"。在实战演习中，董存瑞把身旁一颗冒白烟的手榴弹甩了出去，避免了一次伤亡事故。这期间他获得师级"模范爆破手"的光荣称号。

1948年5月，为配合即将开始的辽沈战役和华北战场杨罗耿兵团东进，董存瑞所在的第十一纵队奉命攻打隆化。24日，六连召开攻打隆化的战前动员大会，董存瑞被选为爆破组组长。

5月25日晨4时20分，战斗打响，董存瑞带领爆破组的战友们一鼓作气炸掉了敌人的三个炮楼和五个碉堡，顺利地完成了扫除隆化中学外围工事的任务。正当我军发起了总攻之时，突然，在一座桥上伪装十分严密的暗堡喷出6条火舌，拦住了部队冲锋的道路，冲在前面的同志倒下去了，爆破组派上去三名同志，都未能完成任务，董存瑞再次请战，在战友们的火力掩护下，董存瑞机智地通过了几十米开阔地，冲入桥下的旱河沟里，进入了火力死角。可是，桥离地面一人多高，两旁全是光滑的墙壁，没处安放炸药，董存瑞焦急万分，看到冲上来却又纷纷倒下的战友，他毅然用左手代替支架托起炸药包，贴紧桥堡，从容地拉开了导火索，向着冲锋的队伍高喊："为了新中国，冲啊！！！"

隆化解放了，董存瑞用自己19岁的年轻生命开辟了胜利的道路。

1948年6月8日，十一纵队党委决定：追认董存瑞同志为战斗英雄，模范共产党员；董存瑞生前所在的六班为"董存瑞"班。7月10日，冀热察行署发布决定，将隆化中学改名为存瑞中学。1950年9月，全国战斗英雄、劳动模范代表会议，追认董存瑞同志为全国战斗英雄。1959年5月29日，朱德为董存瑞烈士的题词"舍身为国，永垂不朽"8个镏金大字，被镶嵌在落成的高14.5米的董存瑞烈士纪念碑碑体的正面。

第二编 DI ER BIAN
建设楷模

中国地质学之父——李四光

李四光（1889年10月26日—1971年4月29日），字仲揆，湖北省黄冈县人。中国著名地质学家和古生物学家。中国古生物学、地质学、第四纪地质学研究的开拓者，创立大地构造理论地质力学，对亚欧大陆东部山脉体系的形成原因提出了自己独特的观点，是现代板块构造理论出现之前的大地构造理论之一。

李四光1889年10月26日出生于湖北省黄冈市（今湖北省黄冈市团风县回龙山镇）的一个贫寒人家，原名李仲揆。他自幼就读于其父李卓侯执教的私塾，14岁那年告别父母，独自一人来到武昌报考高等小学堂。在填写报名单时，他误将姓名栏当成年龄栏，写下了"十四"两个字，随即灵机一动将"十"改成"李"，后面又加了个"光"字，从此便以"李四光"传名于世。

1904年李四光因学习成绩优异被选派到日本留学。因其在日本受了革命思想的影响，成为孙中山领导的同盟会中年龄最小的会员，以"驱逐鞑虏、恢复中华"为己任。孙中山赞赏李四光的志向："你年纪这样小就要革命，很好，有志气。"还送给他八个字：

"努力向学，蔚为国用。"

1910年李四光从日本学成回国。武昌起义后，他被委任为湖北军政府理财部参议，后又当选为实业部部长。袁世凯上台后，革命党人受到排挤，李四光再次离开祖国，到英国伯明翰大学学习。1918年，获得硕士学位的李四光决意回国效力。途中，为了解十月革命后的俄国，还特地取道莫斯科。

1917年，李四光从英国伯明翰大学毕业，获得硕士学位。1918年，他回到国内任北京大学地质系教授。这时，他已年届而立，虽然事业有成，但因一直在求学，还没有找到自己的意中人。到北京后，他认识了温柔娴静而又高雅漂亮的才女许淑彬。他们很快走进了结婚礼堂，相敬如宾，开始了共同的人生旅程。

1920年李四光担任北京大学地质系教授、系主任，1928年又到南京担任中央研究院地质研究所所长，后当选为中国地质学会会长。他带领学生和研究人员常年奔波野外，跋山涉水，足迹遍布祖国的山川。他先后数次赴欧美讲学、参加学术会议和考察地质构造。

1928年7月国民政府决定组建国立武汉大学，国民政府大学院（教育部）院长蔡元培任命李四光为武汉大学建设筹备委员会委员长，并选定了武汉大学的新校址。1949年秋新中国成立在即，正在国外的李四光被邀请担任政协委员。得到这个消息后，他立即做好了回国准备。这时，伦敦的一位朋友打来电话，告诉他国民党政府驻英大使已接到密令，要他公开发表声明拒绝接受政协委员职务，否则就要被扣留。李四光当机立断，只身离开伦敦来到法国。两星期之后，夫人许淑彬接到李四光来信，说他已到了瑞士与德国交界的巴塞尔。夫妇二人在巴塞尔买了从意大利开往香港的船票，于1949年12月启程秘密回国。

回到新中国怀抱的李四光被委以重任，先后担任了地质部部长、中国科学院副院长、全国科联主席、全国政协副主席等职。他虽然年事已高，仍奋战在科学研究和国家建设的第一线，为中国的地质、石油勘探和建设事业作出了巨大贡献。

1958年李四光经何长工、张劲夫介绍加入了中国共产党，由一个民族民主主义者成为共产主义战士。20世纪60年代以后，李四光因过度劳累身体越来越差，但还是以巨大的热情和精力投入到地震预测、预报以及地热的利用等工作中去。1971年4月29日，李四光因病逝世，享年82岁。

李四光的最大贡献是创立了地质力学，并以力学的观点研究地壳运动现象，探索地质运动与矿产分布规律，他确立了新华夏构造体系的概念，分析了其特点，并运用这些理论概念探讨了中国的地质条件和石油形成条件。1956年，在李四光的主持下，石油普查勘探工作在很短时间里，先后发现了大庆、胜利、大港、华北、江汉等油田，为中国石油工业建立了不朽的功勋。从20世纪50年代后期至60年代，勘探部门相继找到了大庆油田、大港油田、胜利油田、华北油田等大油田，在国家建设急需能源的时候，使滚滚石油冒了出来。这样，摘掉了"中国贫油"的帽子。

 小链接 ....

李四光语录

◎真理，哪怕只见到一线，我们也不能让它的光辉变得暗淡。

◎我是炎黄的子孙，理所当然地要把所学到的知识，全部献给我亲爱的祖国。

◎科学是老老实实的东西，它要靠许许多多人民的劳动和智慧积累起来。

万婴之母——林巧稚

林巧稚（1901年12月23日—1983年4月22日），又名丽咪，福建省同安县鼓浪屿（今厦门市思明区鼓浪屿）人，中国妇科、产科医生和医学科学家。她是北京协和医院第一位中国籍妇产科主任及首届中国科学院唯一的女学部委员。林巧稚一生亲自接生了5万多婴儿，是中国妇产科的主要开拓者之一。她献身医学事业，把毕生精力无私地奉献给人民。

1901年12月23日，林巧稚出生在福建省思明县鼓浪屿的一个教员家庭。1921年，她毕业于厦门女子师范学校。同年，协和医学院落成，林巧稚到上海参加北京协和医院招生考试。这天天气闷热，坐在她身边的一位女同学突然晕倒，林巧稚立即放下没答完的考卷，把女同学送往附近的医院。照理，没有答完全部考题的考生是不能录取的，但是主考老师从这件事中，发现她临危不乱、舍己救人的精神，这正是一个医生应该具备的职业道德，加上她在交谈中表现出的熟练的英语会话能力和未完答卷中表现出的扎实的基础知识，她被破格录取了。

考入协和时，林巧稚已经20岁，在那个年代已经算"大龄女青年"，和她一同在厦门女子师范毕业的同学基本都结婚了。家人开玩笑说，医科一读至少8年，你毕业了还怎么嫁人呢？林巧稚非常看不惯女孩必须依附丈夫的旧观念，坚决去参加考试，据说她还撂下一句气话："那我就一辈子也不嫁！"

1929年，林巧稚毕业，8年前和她一起入学的有5个女生，只有3人坚持到最后。林巧稚学业优异并热心公益，得以留校任职，她是协和第一个毕业留院的中国女生。聘书这样写道："兹聘请林巧稚女士任协和医院妇产科助理住院医师……聘任期间凡因结婚、怀孕、生育者，作自动解除聘约论。"这是因为老协和的管理者坚信，一个女人不可能同时扮演贤妻良母和职业女性两种角色。林巧稚怀着矛盾的心情接下这张光荣的聘书，也接下一纸枷锁。曾有说法认为林巧稚有过一段朦胧的恋爱，但随着她在医院表现出色，协和派她赴欧美考察深造，恋情也不了了之。

1932到1939年间，林巧稚到西方多国进行深造研究，1940年林巧稚回国，不久升任妇产科主任，她又创了个纪录：协和第一位中国籍女主任。1941年底，北京协和医院因太平洋战争关门。1948年，林巧稚返回协和医院，并在此工作直至去世。

林巧稚献身医学事业，有着丰富的临床经验，深刻敏锐的观察力，对妇产科疾病的诊断和处理有高超的本领和独到的见解。她全面深入地研究了妇产科各种疑难病，确认了癌瘤为戕害妇女健康的主要疾病，坚持数十年如一日地跟踪追查、积累了丰厚的供后人借鉴的资料。

直到晚年病重、身体极为衰弱，林巧稚还坚持工作。家人和学生劝她休息，她说："上帝如果让我继续生存在这个世界上，那么，我存在的场所便是在医院病房，我存在的价值便是治病救人。"她虽然早已不是住院医师，但她要求值班医生和护士，只要病人出现问题，即使是半夜也要马上通知她，否则她会生气批评。

林巧稚不仅医术高明，她的医德、医风，奉献精神更是有口皆碑，自她走上工作岗位到临终前夕，心中装着的只有妇女、儿童的安危。在生活和事业两者不可兼得的条件下，她选择了事业，为事业终身未婚。林巧稚曾说过，"我的唯一伴侣就是床头那部电话。"

在林巧稚的追悼会上，遗像两旁垂下4.5米高的幛联，上面写着："创妇产事业，拓道、奠基、宏图、奋斗、奉献九窍丹心，春蚕丝吐尽，静悄悄长眠去；谋母儿健康，救死、扶伤、党业、民生，笑染千万白发，蜡炬泪成灰，光熠熠照人间"。60个字反映了她60余年的工作和她的业绩。

人民的数学家——华罗庚

华罗庚（1910年11月12日－1985年6月12日），生于江苏金坛。著名数学家，中国科学院院士，美国国家科学院外籍院士。他是我国解析数论、典型群、矩阵几何学、自守函数论与多元复变函数等很多方面研究的创始人与奠基者，也是中国在世界上最有影响力的数学家之一。

华罗庚1910年11月12日出生于江苏金坛县。他幼时爱动脑筋，因思考问题过于专心常被同伴们戏称为"罗呆子"。初中毕业后，华罗庚曾入上海中华职业学校就读，因拿不出学费而中途退学。此后，他顽强自学，用5年时间学完了高中和大学低年级的全部数学课程。

20岁时，华罗庚以一篇论文轰动数学界，被清华大学请去工作。从1931年起，华罗庚在清华大学边工作边学习，用一年半时间学完了数学系全部课程。他自学了英、法、德文，在国外杂志上发表了3篇论文后，被破格任用为助教。

1936年华罗庚前往英国剑桥大学。在英国的两年之中，他攻克了许多数学难题。他的一篇关于高斯的论文给他在世界上赢得了声誉。在抗日战争期间，他回到了灾难深重的祖国，在昆明的一个吊脚楼上，他写出了堆垒数论。1946年9月，华罗庚应普林斯顿大学邀请去美国讲学，并于1948年被美国伊利诺依大学聘为终身教授。

新中国成立后，华罗庚放弃在美国的优厚待遇，克服重重困难回到祖国怀抱，投身我国数学科学研究事业。1950年3月，他到达北京，随后担任了清华大学数学系主任、中科院数学所所长等职。1956年，他着手筹建中科院计算数学研究所。1958年，他担任中国科技大学副校长兼数学系主任。

回国后短短的几年中，他在数学领域里的研究硕果累累：他的论文《典型域上的多元复变函数论》于1957年1月获国家发明一等奖，并先后出版了中、俄、英文版专著；1957年出版《数论导引》；1963年他和学生万哲先合写的《典型群》一书出版……

华罗庚因病左腿残疾后，走路要左腿先画一个大圆圈，右腿再迈上一小步。对于这种奇特而费力的步履，他曾幽默地戏称为"圆与切线的运动"。在逆境中，他顽强地与命运抗争，他说"我要用健全的头脑，代替不健全的双腿"。凭着这种精神，他终于从一个只有初中毕业文凭的青年成长为一代数学大师。他一生硕果累累，是中国解析数论、典型群、矩阵几何学、自导函数论等方面的研究者和创始人，其著作《堆垒素数论》更成为20世纪数学论著的经典。

由于青年时代受到过"伯乐"的知遇之恩，华罗庚对于人才的培养格外重视，他发现和培养陈景润的故事更是数学界的一段佳话。在他亲自关心和过问下，陈景润从厦门大学被调到中科院数学研究所，最终在攻克哥德巴赫猜想方面取得了世界领先的成绩。此外，万哲元、陆启铿、王元、潘承洞、段学复等人也是在华罗庚的悉心培育下成长起来的。

在从事数学理论研究的同时，华罗庚努力尝试寻找一条数学和工农业实践相结合的道路。经过一段实践，他发现数学中的统筹法和优选法是在工农业生产中能够比较普遍应用的方法，可以提高工作效率，改变工作管理面貌。于是，他一面在科技大学讲课，一面带领学生到工农业实践中去推广优选法、统筹法，为工农业生产服务。

晚年的华罗庚不顾年老体衰，仍然奔波在第一线。他还多次应邀赴欧美及香港地区讲学，先后被法国南锡大学、美国伊利诺依大学、香港中文大学授予荣誉博士学位，还以全票当选为美国科学院外籍院士。

小链接

华罗庚语录

◎科学的灵感，决不是坐等可以等来的。如果说，科学上的发现有什么偶然的机遇的话，那么这种"偶然的机遇"只能给那些学有素养的人，给那些善于独立思考的人，给那些具有锲而不舍的精神的人，而不会给懒汉。

中国航天之父——钱学森

钱学森（1911年12月11日—2009年10月31日），浙江杭州人，中国空气动力学家，中国科学院、中国工程院院士，中国两弹一星功勋奖章获得者之一。钱学森曾任美国麻省理工学院教授、加州理工学院教授，为中美两国的导弹和航天计划都曾作出过重大贡献，被誉为"中国航天之父"和"火箭之王"。

钱学森，1911年12月出生于上海，祖籍浙江杭州。从1923年进入北京师范大学附属中学开始，他就立下了要用所学的科技知识报效国家志向。1929年，他考入上海交通大学机械工程系学习机车制造专业，后来，受到淞沪抗战中中国军队航空力量太弱的刺激，他决心改变自己的专业方向，努力掌握飞机制造的尖端技术。

1934年，钱学森考取清华大学公费留学生，次年9月进入美国麻省理工学院航空系学习，两年后，他转入美国加州理工学院航空系，师从世界著名空气动力学教授冯·卡门，先后获得航空工程硕士学位和航空、数学博士学位。1938年至1955年，钱学森在美国从事空气动力学、固体力学和火箭、导弹等领域研究，并与导师共同完成高速空气动力学问题研究课题和建立"卡门—钱近似"公式，在28岁时就成为世界知名的空气动力学家。

尽管在美国有着优厚的工作和生活待遇，然而，功成名就的钱学森却始终关心着祖国的发展。1955年10月，钱学森终于冲破种种阻力回到祖国。回国后，他和钱伟长合作筹建中国科学院力学研究所，并出任该所首任所长。不久后，他就全面投入到中国的火箭和导弹研制的工作。

1956年初，钱学森向中共中央、国务院提出《建立我国国防航空工业的意见书》。在意见书中，他对发展我国的导弹事业提出了长远规划。同年，国务院、中央军委根据他的建议，成立了导弹、航空科学研究的领导机构——航空工业委员会，并任命他为委员。也在这一年，钱学森受命组建中国第一个火箭、导弹研究机构——国防部第五研究院并担任首任院长。

从那时开始，钱学森长期担任火箭导弹和航天器研制的技术领导职务，以他在总体、动力、制导、气动力、结构、材料、计算机、质量控制和科技管理等领域的丰富知识，对中国火箭、导弹和航天事业的发展作出了重大贡献，赢得了"中国航天之父"的美誉。

钱学森主持完成了"喷气和火箭技术的建立"规划，参与了近程导弹、中近程导弹和中国第一颗人造地球卫星的研制，直接领导了用中近程导弹运载原子弹的"两弹结合"试验，参与制订了中国第一个星际航空的发展规划，发展建立了工程控制论和系统学等。

钱学森是举世公认的人类航天科技的重要开创者和主要奠基人之一，是工程控制论的创始人，是20世纪应用数学和应用力学领域的领袖人物，被称为中国近代力学和系统工程理论与应用研究的奠基人。他在空气动力学、航空工程、喷气推进、工程控制论、物理力学等技术科学领域作出了开创性贡献，著有《工程控制论》《论系统工程》《星际航行概论》等。

钱学森是中国科学院院士、中国工程院院士，曾获中科院自然科学奖一等奖、国家科技进步奖特等奖、小罗克韦尔奖章和世界级科学与工程名人称号，被国务院、中央军委授予"国家杰出贡献科学家"荣誉称号，获中共中央、国务院、中央军委颁发的"两弹一星"功勋奖章。

在毕生实践着科学报国信念的奋斗历程中，钱学森淡泊名利，人品高洁，充分展现出一位科学大师的高尚风范。他说："我作为一名中国的科技工作者，活着的目的就是要为人民服务。如果人民最后对我一生所做的工作表示满意的话，那才是对我最高的奖赏。"

2009年10月31日，这位被誉为人民科学家的科学巨擘走完98年的人生历程，溘然长逝。

小链接

钱学森语录

◎我作为一名中国的科技工作者，活着的目的就是为人民服务。如果人民最后对我的一生所做的各种工作表示满意的话，那才是最高的奖赏。

◎正确的结果，是从大量错误中得出来的；没有大量错误作台阶，也就登不上最后正确结果的高座。

劳动模范——时传祥

时传祥（1915年9月20日—1975年5月19日），我国著名的劳动模范。

1930年，15岁的时传祥逃荒到北京，受生活所迫当了一名掏粪工。生活在社会最底层的他在粪霸的压迫与欺凌下，淘粪工一干就是20年。

新中国成立后，工人阶级当家做主，1952年时传祥加入北京市崇文区清洁队。北京市人民政府为了体现对清洁工人劳动的尊重，不仅规定他们的工资高于别的行业，而且想办法减轻淘粪工人的劳动强度，改善了运输工具。新中国给了他做人的尊严，时传祥感到了尊重与平等，对党充满感激。他竭尽全力带领环卫工人为市民服务，提出"工作无贵贱，行业无尊卑；宁愿一人脏，换来万人净"的口号。在那些年里，他几乎放弃了节假日休息，有时间就到处走走看看，问问闻闻。哪里该淘粪，不用人来找，他总是主动去。不管坑外多烂，不管坑底多深，他都想方设法淘干扫净。

时传祥合理计算工时，挖掘潜力，把过去7个人一班的大班，改为5个人一班的小班，带领全班由过去每人每班背50桶增加到80桶，他自己则每班背90桶，最多每班淘粪背粪达5吨。管区内居民享受到了清洁优美的环境，而他背粪的右肩却被磨出了一层厚厚的老茧。他用一颗朴实的心记住了一个道理：淘粪也是社会主义建设事业的一部分。他以主人翁的姿态，以"搞好环境卫生，美化人民首都"为己任，肩背粪桶，走家串户，利用公休日为居民、机关和学校义务清理粪便、整修厕所。他把淘粪当成十分光荣的劳动，以身作则，以苦为乐，不分内分外，任劳任怨，满腔热情，全心全意为人民服务。

1955年，时传祥被评为清洁工人先进生产者，1956年加入中国共产党，1958年当选为北京市政协委员，1959年被选为全国劳动模范。尤其是1959年，时传祥作为全国先进生产者参加了在北京召开的全国"群英会"。10月26日，当时的国家主席刘少奇在人民大会堂湖南厅握着他的手说："你淘大粪是人民勤务员，我当主席也是人民勤务员，这只是革命分工不同。"时传祥激动地表示："我要永远听党的话，当一辈子淘粪工。"从此，时传祥工作更加勤奋努力，更加热爱本职工作。

从此，时传祥成为载誉全国的著名劳动模范。《人民日报》、中央人民广播电台等新闻单位都对他的事迹进行了报道。他更加努力，更加热爱本职工作。1964年，北京环保局分配部分青年学生做淘粪工。时传祥时任崇文区清洁队青工班班长，为转变部分青年工人怕脏怕丑的思想，年近半百的时传祥，脏活累活抢在前，对青年工人言传身教，教育影响青年一代安心本行业工作。

1975年5月19日，时传祥在北京病逝，终年60岁。

 小链接

时传祥语录

◎我已经干了30年的淘粪工，只要党需要，我还要再干它30年、60年！党需要我干到什么时候，我就干到什么时候。

人民的好公仆——焦裕禄

焦裕禄，革命烈士，1946年加入中国共产党，1962年被调到河南省兰考县担任县委书记。时值该县遭受严重的内涝、风沙、盐碱三害，他坚持实事求是、群众路线的领导方法，同全县干部和群众一起，与深重的自然灾害进行顽强斗争，努力改变兰考面貌。他身患肝癌，依旧忍着剧痛，坚持工作，被誉为"党的好干部"、"人民的好公仆"。他用自己的实际行动，铸就了亲民爱民、艰苦奋斗、科学求实、迎难而上、无私奉献的焦裕禄精神。

焦裕禄，山东省淄博市博山区崮山镇（现源泉镇）北崮山村人，1922年8月16日出生在一个贫苦家庭。因生活所迫，幼年时代只读了几年书就在家参加劳动。日伪统治时期，焦裕禄家中的生活越来越困难。他的父亲焦方田走投无路，被逼上吊自杀。焦裕禄曾多次被日寇抓去毒打、坐牢，后又被押送到抚顺煤矿当苦工。焦裕禄忍受不了日寇的残害，于1943年秋天逃出虎口，回到家中。因无法生活下去，又逃到江苏省宿迁县，给一家姓胡的地主扛了两年长工。

1945年抗日战争胜利后，焦裕禄从宿迁县回到了自己的家乡。当时他的家乡虽然还没有解放，但是共产党已经在这里领导群众进行革命活动，焦裕禄主动要求当了民兵。当民兵后，他参加过解放博山县城的战斗。

焦裕禄于1946年1月在本村参加中国共产党。不久，他又正式参加了本县区武装部的工作，在当地领导民兵，坚持游击战争。以后又调到山东渤海地区参加过土地改革复查工作，曾担任组长。

解放战争后期，焦裕禄随军离开山东，到了河南，分配到尉氏县工作，一直到1951年。他先后担任过副区长、区长、区委副书记、青年团县委副书记等职。而后又先后调到青年团陈留地委工作和青年团郑州地委工作，担任过团地委宣传部长、第二副书记等职。

1962年12月，焦裕禄调到兰考县，先后任县委第二书记、书记。

兰考县地处豫东黄河故道，是个饱受风沙、盐碱、内涝之患的老灾区。焦裕禄踏上兰考土地的那一年，正是这个地区遭受连续3年自然灾害较严重的一年，全县粮食产量下降到历年最低水平。他从第二天起，就深入基层调查研究。他说："吃别人嚼过的馍没味道。"他拖着患有慢性肝病的身体，在一年多的时间里，跑遍了全县140多个大队中的120多个。

在带领全县人民封沙、治水、改地的斗争中，焦裕禄身先士卒，以身作则。风沙最大的时候，他带头去查风口，探流沙；大雨倾盆的时候，他带头蹚着齐腰深的洪水察看洪水流势；风雪铺天盖地的时候，他率领干部访贫问苦，登门为群众送救济粮款。他经常钻进农民的草庵、牛棚，同普通农民同吃同住同劳动。他把群众同自然灾害斗争的宝贵经验，一点一滴地集中起来，成为全县人民的共同财富，成为战胜灾害的有力武器。

焦裕禄对同志对人民满腔热情。他常说，共产党员应该在群众最困难的时候，出现在群众的面前；在群众最需要帮助的时候，去关心群众、帮助群众。他的心里装着全县的干部群众，唯独没有他自己。他经常肝部痛得直不起腰、骑不了车，即使这样，他仍然用手或硬物顶住肝部，坚持工作、下乡，直至被强行送进医院。

1964 年 5 月 14 日，焦裕禄被肝癌夺去了生命，年仅 42 岁。他临终前对组织上唯一的要求，就是他死后"把我运回兰考，埋在沙堆上。活着我没有治好沙丘，死了也要看着你们把沙丘治好"。

1966 年 2 月 7 日，《人民日报》发表长篇通讯《县委书记的榜样——焦裕禄》，全面介绍了焦裕禄的感人事迹，同时还刊登了《向毛泽东同志的好学生——焦裕禄同志学习》的社论。随后，全国各种报刊先后刊登了数十篇文章通讯，在全国掀起了一个学习焦裕禄的热潮。1990 年 5 月 10 日，《人民日报》发表了《领导干部要学焦

裕禄》的社论，在神州大地再掀焦裕禄的热潮。焦裕禄同志是各级

干部特别是领导干部学习的榜样。

 小链接 ·······································

焦裕禄语录

◎干革命工作嘛，总会有困难的。越是有困难，越在有

雄心斗志，越有困难，越要学习毛主席著作。

◎我们对兰考的一草一木都有着深厚的感情，面对着当

前严重的灾害，我们有革命的胆略，坚决领导全县人民苦战

三五年，改变兰考面貌，不达目的，我们死不瞑目。

◎在这大雪拥门的时候，我们不能坐在办公室里烤火，

应该到群众中间去。共产党员应该在群众最困难的时候，出

现在群众面前，在群众需要帮助的时候，去关心群众，帮助

群众。

·······································

铁人——王进喜

王进喜（1923年10月8日—1970年11月15日），中华人民共和国第一代钻井工人，他曾不顾腿伤跳进泥浆池，用身体搅拌泥浆压井喷，被誉为"铁人"。铁人王进喜是大庆人的杰出代表，中国石油工人的光辉典范，中国工人阶级的先锋战士，中国共产党人的优秀楷模。

王进喜1923年10月8日出生于甘肃省玉门县赤金堡一个贫苦的农民家庭，在灾难深重的旧中国，王进喜受尽苦难。1929年，玉门遭受了百年不遇的灾荒。为了活命，6岁的王进喜用一根棍子领着双目失明的父亲沿街乞讨。

1938年，15岁的王进喜进旧玉门油矿当童工，年龄虽小，却干着和大人一样的重活，还经常挨工头的打骂，但他不甘屈辱，奋起反抗。王进喜常因反抗而受惩罚。师傅知道后，给他讲骆驼"攒劲"的故事，告诉他要讲究斗争方法，培养"耐力"。王进喜心中充满了对自由生活的向往。正是这苦难的经历和恶劣的生存环境，练就了他刚毅坚韧、倔强不屈的性格。

1949年9月25日，玉门解放。1950年春，王进喜通过考试成为新中国第一代钻井工人。从1950年春招工到1953年秋，王进喜一直在老君庙钻探大队当钻工，他勤快、能吃苦，各种杂活抢着干。他说，党把我们当主人，主人不能像长工那样磨磨蹭蹭、被动地干活。艰苦的钻井生产实践，锻炼了他坚忍不拔的品格和大公无私的先进思想。1956年4月29日，王进喜光荣加入中国共产党，这是他人生旅途的一个里程碑。入党不久，王进喜担任了贝乌5队队长，带领贝乌5队在石油工业部组织的以"优质快速钻井"为中心的劳动竞赛中，提出了"月上千，年上万，祁连山上立标杆"的口号，创出了月进尺5 009.3米的全国钻井最高纪录。10月，王进喜到新疆克拉玛依参加石油工业部召开的现场会。余秋里部长、康世恩副部长把一面"钻井卫星"红旗颁发给他。贝乌5队被命名为"钢铁钻井队"，王进喜被誉为"钻井闯将"。

1960年2月，东北松辽石油大会战打响。玉门闯将王进喜带领1205钻井队于3月25日到达萨尔图车站，下了火车，他一不问吃、二不问住，先问钻机到了没有、井位在哪里、这里的钻井纪录是多少，恨不得一拳头砸出一口井来，把"贫油落后"的帽子甩到太平洋里去。面对极端困难和恶劣环境，会战领导小组作出了学习毛主席《实践论》和《矛盾论》的决定。王进喜组织1205队职工认真学习"两论"。通过学习，王进喜认识到："这困难，那困难，国家缺油是最大困难；这矛盾，那矛盾，国家建设等油用是最主要矛盾。" 1205队的钻机到了，没有吊车和拖拉机，汽车也不足。王进喜带领全队工人用撬杠撬、滚杠滚、大绳拉的办法，"人拉肩扛"把钻机卸下来，运到萨55井井场，仅用4天时间，把40米高的井架竖立在茫茫荒原上。井架立起来后，没有打井用的水，王进喜组织职工到附近的水泡子破冰取水，带领大家用脸盆端、水桶挑，硬是靠人力端水50多吨，保证了按时开钻。萨55井于4月19日胜利完钻，进尺1200米，首创5天零4小时打一口中深井的纪录。

1960年4月29日，1205钻井队准备往第二口井搬家时，王进喜右腿被砸伤，他在井场坚持工作。由于地层压力太大，第二口井打到700米时发生了井喷。危急关头，王进喜不顾腿伤，扔掉拐杖，带头跳进泥浆池，用身体搅拌泥浆，最终制服了井喷。房东赵大娘看到王进喜整天领着工人没有白天黑夜的干，饭做好了也不回来吃，感慨地说："你们的王队长可真是个铁人呐！"余秋里得知后，连声称赞大娘叫得好。在第一次油田技术座谈会上，余秋里号召4万会战职工："学铁人、做铁人，为会战立功，高速度、高水平拿下大油田！"

王进喜是吃苦耐劳的实干家，也是科学求实的典范。在科技领域，他以"识字搬山"的意志克服意想不到的困难，刻苦学习，带领工人们以创造性的劳动，创出一个又一个优异的成绩。1961 年 2 月，王进喜被任命为钻井指挥部生产二大队大队长，负责管理分布在大荒原上的 12 个钻井队。他经常身背干粮袋，骑着摩托车或步行，深入到各井场，调查研究，检查工作，帮助基层解决各种实际问题。当了大队长后，他深感没文化开展工作困难，拜机关干部为师，抓紧一切机会学文化。他说："我认识一个字，就像搬掉一座山。我要翻山越岭去见毛主席。"经过两年多的时间，铁人已经可以独立地看报、读文件、学"毛选"，甚至可以列出简单的发言提纲了。

王进喜学习技术知识始终坚持学以致用。他说："干，才是马列主义。不干，半点马列主义也没有！"他带领工人们不断地从实际需要出发搞技术革新。为提高钻井速度，他和工人改革游动滑车。为打好高压易喷井，他带领工人研究改进泥浆泵。为提高钻井质量，他和科技人员一起研制成功控制井斜的"填满式钻井法"。他还在多年的钻井工作中摸索出一套高超的"钻井绝技"，能根据井下声音判断钻头磨损情况。他对待工作严细认真，一丝不苟，经常向工人强调："干工作要为油田负责一辈子，要经得起子孙万代的检查"。1961 年春，部分井队为了追求速度，产生了忽视质量的苗头，连铁人带过的 1205 队也打斜了一口井。为了扭转这种情况，4 月 19

日，油田召开千人大会，对钻井质量问题提出严肃批评，这个日子被人们称为"难忘的四·一九"。事后，已担任大队长的王进喜带头背水泥，把超过规定斜度的井填掉了。他说："我们要让后人知道，我们填掉的不光是一口井，还填掉了低水平、老毛病和坏作风。"

铁人王进喜从普通工人成长为领导干部，但他功高不自傲，始终保持谦虚谨慎的作风，对工人和家属关怀备至，而对自己和家人却严格要求，一辈子甘当党和人民的"老黄牛"。他说："我从小放过牛，知道牛的脾气，牛出力最大，享受最少，我要老老实实地为党和人民当一辈子老黄牛。"

1964年年底，王进喜当选第三届全国人大代表，出席大会并代表工人做了《用革命精神建好油田》的发言，受到与会代表的热烈欢迎。从北京回来后，他依然保持谦虚谨慎的习惯，说，我是个普通工人，没啥本事，就是为国家打了几口井。一切成绩和荣誉，都是党和人民的，我自己的小本本上只能记差距。

1970年4月5日，全国石油工作会议在玉门召开。王进喜作为特邀代表参加大会。他在会上大声疾呼要恢复光荣传统。会议期间，王进喜胃病发作。后经解放军301医院检查确诊为胃癌晚期。病中的铁人心里想的仍然是油田生产建设和广大职工家属。

1970年10月1日，王进喜抱病参加国庆观礼，以中共中央委员身份检阅游行队伍。国庆节刚过，铁人的病情急剧恶化。临终前，他用颤抖的手取出一个小纸包，交给守候在床前的一位领导同志。打开纸包，里面是他住院以来组织给他的补助款和一张记账单，一笔一笔记得清清楚楚，一分也没有动。王进喜说："这笔钱，请把它花到最需要的地方去，我不困难。"在场的人无不为之动容。

1970年11月15日23时42分，王进喜同志因医治无效不幸病逝，享年47岁。

铁人王进喜为祖国石油工业的发展和社会主义建设立下了不朽的功勋，在创造了巨大物质财富的同时，还给我们留下了宝贵的精神财富——铁人精神。铁人精神是"爱国、创业、求实、奉献"大庆精神的典型化体现和人格化浓缩，是中华民族精神的重要组成部分，得到历届中央领导的充分肯定，深受社会各界的广泛承认和高度评价。建国40周年之际，王进喜与雷锋、焦裕禄、史来贺、钱学森一起被中共中央组织部命名为"建国以来在群众中享有崇高威望的共产党员优秀代表"。

小链接

王进喜语录

◎有条件要上，没有条件创造条件也要上。

◎我们不能一有成绩，就像皮球一样，别人拍不得，轻轻一拍，就跳得老高。成绩越大，越要谦虚谨慎。

◎石油工人一声吼，地球也要抖三抖。石油工人干劲大，天大困难也不怕。

两弹元勋——邓稼先

邓稼先（1924年6月25日—1986年7月29日），安徽怀宁人，理论物理学家，核物理学家，他参加组织和领导我国核武器的研究、设计工作，是我国核武器理论研究工作的奠基者之一；从原子弹、氢弹原理的突破和试验成功及其武器化，到新的核武器的重大原理突破和研制试验，均作出了重大贡献，被誉为我国的"两弹元勋"。

邓稼先于1924年出生于安徽省怀宁县，他出生后不久，全家迁往北平，邓稼先父亲邓以蛰任清华大学及北京大学文学院教授，与杨振宁父亲杨武之是多年之交。两家祖籍都是安徽，在清华园里又成为邻居。邓稼先和杨振宁从小结下了深厚友情，后来，二人先后进了北平崇德中学。

邓稼先生活在国难深重的年代，七七事变以后，端着长枪和刺刀的日本侵略军进入了北平城。不久北大和清华都撤向南方，校园里空荡荡的。邓稼先的父亲身患肺病，咳血不止，全家滞留下来。七七事变以后的十个月间，日寇铁蹄踩踏了从北到南的大片国土。亡国恨，民族仇，都结在邓稼先心头。他曾秘密参加抗日聚会，后在父亲邓以蛰的安排下，他随大姐去往昆明，并于1941年考入西南联合大学物理系。

在抗日救亡的呼喊中成长起来的邓稼先，高唱着"千秋耻，终当雪，中兴业，须人杰"的西南联大校歌走上科学之路。为了实现科技强国的夙愿，他将个人的事业与民族兴亡紧密相连。邓稼先抱着学更多的本领以建设新中国之志，于1947年通过了赴美研究生考试，翌年秋进入美国印第安纳州的普渡大学研究生院——由于他学习成绩突出，不足两年便读满学分，并通过博士论文答辩。此时他只有26岁，人称"娃娃博士"。毕业当年，邓稼先就毅然回国。

回到祖国怀抱后的邓稼先被分配到中国科学院工作。新中国启动以"两弹一星"为代表的国防尖端科研试验工程后，邓稼先成为从事这项事业的众多科技人才中的一员。他以满腔热忱投入工作，并迅速成长起来。1956年，他加入中国共产党。

邓稼先参加、组织和领导了我国核武器的研究、设计工作，是我国核武器理论研究工作的奠基者之一。从原子弹、氢弹原理的突破和实验成功及其武器化，到新型核武器的重大原理突破和研制试验，均作出了重大贡献，其成果曾获国家自然科学一等奖和国家科技进步特等奖。

在原子弹、氢弹研制试验过程中，邓稼先领导开展了爆轰物理、流体力学、状态方程、中子输运等基础理论研究，完成了原子弹的理论方案，并参与指导核试验的爆轰模拟试验。原子弹试验成功后，他进而开始探索氢弹设计原理，选定技术途径。

1967年，中国第一颗氢弹的研制和实验工作在邓稼先的直接领导并参与下完成。由他和周光召共同完成的《我国第一颗原子弹理论研究总结》一书，成为国内第一部有关核武器理论设计的开创性基础巨著，是培养科研人员入门的必备教科书。

中国能在那样短的时间和那样差的基础上研制成"两弹一星"（前苏联8年、美国6年、法国4年、中国2年8个月），西方人总感到不可思议。杨振宁来华探亲返程之前，故意问还不暴露工作性质的邓稼先说："在美国听人说，中国的原子弹是一个美国人帮助研制的。这是真的吗?"邓稼先请示了周恩来后，写信告诉他："无论是原子弹，还是氢弹，都是中国人自己研制的。"杨振宁看后激动得流出了泪水。正是由于中国有了这样一批勇于奉献的知识分子，才挺起了坚强的民族脊梁。

为了培养年轻的科研人员，邓稼先在从事领导研究工作的同时，还先后撰写了有关《电动力学》《等离子体物理》《球面聚心爆轰波理论》等许多讲义，并着手编写了《量子场论》和《群论》等教材。

邓稼先虽长期担任核试验的领导工作，却本着对工作极端负责任的精神，在最关键的时候出现在第一线。核武器插雷管、铀球加工等最危险的时刻，他总是坚持要直接站在操作人员身边。这种忘我的大无畏精神，使广大科研人员感受到莫大的鼓励。

一次，航投试验时出现降落伞事故，原子弹坠地被摔裂。邓稼先深知危险，却一个人抢上前去把摔破的原子弹碎片拿到手里仔细检验。身为医学教授的妻子知道他"抱"了摔裂的原子弹，在邓稼先回北京时强拉他去检查。结果发现在他的小便中带有放射性物质，肝脏破损，骨髓里也侵入了放射物。随后，邓稼先仍坚持回核试验基地。在步履艰难之时，他坚持要自己去装雷管，并首次以院长的权威向周围的人下命令："你们还年轻，你们不能去！"1985年，邓稼先离开罗布泊回到北京，仍想参加会议。医生强迫他住院并通知他已患有癌症。他无力地倒在病床上，面对自己妻子以及国防部长张爱萍的安慰，平静地说："我知道这一天会来的，但没想到它来得这样快。"

从中科院近代物理研究所助理研究员干起，邓稼先先后担任了原子能研究所副研究员，中国工程物理研究院院长，核工业部科技委员会副主任，国防科工委科技委副主任等多项职务。他还是中科院数学物理学部委员，中国核学会第一、二届常务理事，中共第十二届中央委员。

1986年7月29日，邓稼先在担任国防科工委科技委副主任职务时病逝于北京。他临终前所关心的仍是如何发展我国的尖端武器，并语重心长地说："不要让人家把我们落得太远……"

邓稼先在中国核武器的研制方面作出了卓越的贡献，却鲜为人知，直到他死后，人们才知道了他的事迹。邓稼先是中国知识分子的优秀代表，为了祖国的强盛，为了国防科研事业的发展，他甘当无名英雄，默默无闻地奋斗了数十年，充分体现了他崇高无私的奉献精神。他用自己的一生，实践着科技强国的抱负和梦想。

 小链接 ∙∙

邓稼先语录

◎我不爱武器，我爱和平，但为了和平，我们需要武器。假如生命终结后可以再生，那么，我仍选择中国，选择核事业。

在烈火中永生——邱少云

邱少云（1926年—1952年10月11日），中国人民志愿军战士，中华人民共和国革命烈士，四川省铜梁县（现重庆市铜梁区）人。1952年10月12日，在朝鲜平康以南铁原东北的391高地的战斗中光荣牺牲。

邱少云1926年出生于重庆市铜梁县少云镇玉屏村邱家沟的一个贫苦农民的家庭里。在旧社会，邱少云9岁丧父、11岁丧母、13岁就开始了长工的生涯，受尽了地主豪绅的压迫和剥削。苦难的童年生活、悲惨的家庭遭遇，在邱少云幼小的心灵中埋下了仇恨的种子。他盼望光明、盼望解放！

1949年，四川获得了解放，邱少云一家和天下劳苦大众获得了新生，太阳出来了，来了救星共产党！邱少云毅然地、光荣滴参加了中国人民解放军。他发誓要为天下穷苦人报仇。在革命军队里，他懂得了很多革命道理，自觉用铁的纪律严格要求自己。他认真学习毛泽东著作，在训练之余写下了几万字的读书心得笔记。他作战勇敢，意志坚强。1950年秋，随连队参加四川内江地区剿匪，在高梁镇战斗中带病参战，奋勇当先，深入匪巢，毙伤匪徒10余名，协同战友活捉匪首。

　　朝鲜战争爆发后，邱少云积极报名参加志愿军，决心在抗美援朝的战火中将自己锻炼成为一名真正的无产阶级先进战士。他在入党志愿书中写道："为了世界革命，为了战斗的胜利，我愿意献出自己的一切！"1951年3月，邱少云参加中国人民志愿军赴朝作战。部队开赴前线途中，他冒着美军飞机的扫射轰炸，从燃烧的居民房屋里救出一名朝鲜儿童。

　　1952年10月，邱少云所在部队担负攻击金化以西"联合国军"前哨阵地391高地。为缩短进攻距离，便于突然发起攻击，11日夜，部队组织500余人在敌阵地前沿的草丛中潜伏。12日12时左右，从南方飞来几架敌机。盘旋在志愿军潜伏的上空。忽然，敌机投下了燃烧弹。有一颗燃烧弹落在离邱少云两米远的草地上，飞迸的燃烧液溅到邱少云的左腿上，眨眼工夫，插在他脚上的蒿草烧着了，火苗腾腾地冒起来，此刻，邱少云只要翻动一下身子，就可以把火苗扑灭，但是这样做会暴露目标啊！邱少云想到要更好地打击敌人，想到整个战斗的胜利，他坚定地伏在草丛中，接着衣服也烧着了，一会儿，烈火就蔓延到了全身。为了革命胜利，邱少云就像一块千斤巨石，伏在那里，纹丝不动，烈火在邱少云身上继续燃烧着。同志们眼看着烈火在吞噬着自己的战友，急得咬破了嘴唇，几次想站起来，帮助邱少云扑灭身上的烈火。可是邱少云和战友们深深懂得，在这个节骨眼上，只要有人动一下，整个班，整个潜伏部队，整个反击计划……全都完了！邱少云和他的战友们，牢记着部队首长的嘱咐："在任何情况下都不能暴露目标。"他们怀着对敌人的刻骨仇恨，强压着满腔怒火，等待着战斗时刻的到来。时间过的真慢，邱少云还是纹丝不动地伏在那里。为了革命，为了胜利，他咬紧牙关，顽强地忍受着烈火烧身的剧烈疼痛，没有发出一声呻吟，直到最后牺牲。志愿军反击部队在邱少云伟大献身精神鼓舞下，当晚胜利攻占了391高地，全歼美军一个加强连。

为了表彰邱少云崇高的集体主义精神和顽强的革命意志，邱少云被中国共产党志愿军某部委员会追认为中共正式党员，中国人民志愿军领导机关于1952年11月6日给他追记特等功，1953年6月1日追授他"中国人民志愿军一级英雄"称号。同年6月25日，朝鲜民主主义共和国最高人民议会常务委员会授予"朝鲜民主主义共和国英雄"称号，同时授予金星勋章、一级国旗勋章，并将邱少云的名字刻在金化西面的391高地石壁上，这里至今高高地耸立着一座石壁，上面镌刻着一行鲜艳夺目的红漆大字："为整体、为胜利而自我牺牲的伟大战士邱少云同志永垂不朽！"

群众致富带头人——史来贺

　　史来贺，这是一个20世纪50年代就响遍全国的名字：全国民兵英雄、全国植棉能手、全国特级劳动模范……他是群众心目中享有崇高威望的共产党员的优秀代表。这是一面高高飘扬的旗帜：半个世纪以来，中国大地经历了多少风风雨雨，他领导的村庄始终高举着社会主义旗帜，走在全国农业战线的前列。

　　位于豫北平原的河南省新乡县刘庄村，昔日是当地十里八乡有名的穷村。解放前的刘庄是众所周知的"佃户村"、"长工村"。当时流传着这样一首民谣："方圆十里乡，最穷数刘庄。住的土草房，糠菜半年粮。逃荒把饭要，忍痛卖儿郎。"1952年，年仅21岁的史来贺担任了刘庄村党支部书记。面对翻身解放后仍被贫穷、饥饿困扰的农民兄弟，史来贺的心头像压了一块石头："党领导人民走社会主义道路，就是让大家都过上好日子，如果群众一直过不上好日子，那就是咱共产党人没本事！"那年秋季，连降大雨，刘庄收割到场的小麦发霉生芽，大片大片的秋作物被积水浸泡而死。眼看颗粒难收，村民们准备外出逃荒。史来贺和村上的党员干部一起做群众工作，他对大家说："如今是新社会，有共产党领导，只要大伙心齐，就一定能战胜灾害！"史来贺带领大家一面改水排涝，抢种萝卜、蔓菁，一面建砖瓦窑，办豆腐坊、粉坊，到黄河滩割草，半年时间，给群众分了4次红，解决了群众的生活问题。过年的时候，家家户户吃上了白面馍和饺子。

从1953年开始，史来贺带领刘庄人车推、肩挑、人抬，起岗填沟，拉沙盖碱，用了整整20年，把刘庄周围750多块凹凸不平的"盐碱洼"、"蛤蟆窝"荒地改造成了现代化农业园区。他潜心研究棉花种植经验，使皮棉平均亩产量达到当时全国平均产量的3倍，刘庄也因此一跃成为全国的先进典型。

进入20世纪70年代，家庭联产承包责任制的推行，让农村生产力得到了极大的解放。土地分不分到农户，工厂包不包到个人？是集体走富路，还是个人奔小康？刘庄面临着痛苦的选择。史来贺一遍遍地学习十一届三中全会的公报、回顾刘庄的发展历程。他得出的结论是，分则不利，合则有力。刘庄从自己的实际出发，成立了农工商联合社，实行"综合经营、专业生产、分级管理、奖惩联产"。在一片争议声中，刘庄人用自己的实践证明史来贺的决断和刘庄人的选择是正确的。史来贺这时还打起了工副业的主意，办起了食品厂、造纸厂、淀粉厂。在那个物资紧缺的年代，这些工厂很快为刘庄积累了大量的财富，刘庄发展进入了快车道。史来贺和村班子成员反复考察，又引进了高科技生物工程项目，在刘庄建设了一座以生产肌苷为主的生物制药厂。经过此后几年的生产规模不断扩大，技术不断创新，刘庄的华星药厂已经位列全国医药行业百强，年产值占到了刘庄总产值的80％以上。

史来贺一直把对人的教育当做头等大事来抓。华星药厂正式投产不久，有一次因为清理发酵罐的工人疏忽大意，干完活后忘了插上皮管，下一班工人向罐内输入的培养基被排入了地沟，等于半小时流走1 000元钱。按常规，出现这样的事情，对违反操作规程的工人进行批评、处分，使大家引以为戒也就罢了。史来贺却想得更深更远：提高刘庄人的科学文化素质，比建设10个华星药厂更为重要。史来贺对干部们说："农村现代化需要农民知识化，没有农民的知识化，农村现代化的基础不牢靠。"

为全面提高刘庄人的素质，刘庄投巨资建起了高标准的学校，使村里的娃娃不出村就可以受到从幼儿园到高中的系统教育。在选拔有培养前途的优秀青年到高等院校、科研单位进修的同时，刘庄又邀请大专院校到村里办班。村里建起了科技大楼、卫星地面接收站和电视差转台，开办了图书馆、阅览室和青年民兵之家，每年订阅500多份科技报纸杂志，为村民学习科学文化知识创造条件。在刘庄，还有几项不成文的规定，就是高中不毕业者不安排工作，没有高中以上文化的姑娘没资格嫁到刘庄来；新过门的媳妇，必须到科研队接受几个月的科技培训，经考试合格后才能安排工作。

现在，刘庄有百余被评为工程师、农艺师、会计师、技师和一级、二级技术员，一大批土生土长、具有现代工业生产和管理才能的优秀人才，在各个岗位上发挥着骨干作用。

史来贺就这样，在刘庄一干就是51年，把一个贫穷落后的小村庄搞得风生水起，成了河南乃至中国大地上的一面旗帜。在史来贺的这51年中，他凡事总是先为群众着想，宁肯自己吃亏不能让群众吃亏，成了他多年的习惯。史来贺一直按群众的平均水平拿工分，上级规定给干部的补贴工分他一个也不要。1965年，他任县委副书记，县里开始给他发工资。这时候刘庄的分配水平还不高，史来贺把县里发的工资交到村里，和村民一样拿工分。刘庄的分配水平大幅度提高以后，史来贺又放弃了拿村里的分配，拿起了县里的工资。有心人为史来贺制作了一份"1977年至1990年史来贺与刘庄同等劳力年收入对照表"，从中可以看出，仅1年里，史来贺比刘庄同等劳力少收入2.5万余元。1976年，史来贺带领村民自筹资金要给每家每户盖成独门独户的二层小楼。在历尽千辛万苦之后，第一批新房建成了。村民们要建房出力最大、操心最多的史来贺先搬进去住。史来贺召开大会说："搬新房先群众，后干部。群众中谁住房困难谁先搬。"就这样，盖好一批，搬迁一批。直到6年以后，史来贺才和最后5户一起搬进新居。

史来贺为了刘庄的发展，为了刘庄群众的富裕吃了一辈子亏，换来的是刘庄群众对党组织的无限信赖，换来的是基层党组织在群众中的凝聚力、感召力和战斗力。

 小链接 ·····································

史来贺语录

◎遇事要有主心骨，不能听风就是雨。千变万变，发展经济、让老百姓过上好日子这一条啥时候也不能变！

◎经济搞上去，思想政治工作也要跟上去。既要把群众带到富路上，又要把群众带到正路上。把人教育好，比啥都重要。

凝聚中朝友谊的英雄——罗盛教

罗盛教（1931年—1952年1月2日），中国人民志愿军一级模范，任中国人民志愿军第47军第141师侦察队文书时，在平安南道成川郡石田里为抢救朝鲜落水儿童而在1952年1月2日英勇献身。他牺牲后，朝鲜政府为他修建了纪念碑。金日成为纪念碑题词"罗盛教烈士的国际主义精神与朝鲜人民永远共存"。

罗盛教，1931年生于湖南省新化县。由于家境贫寒，罗盛教11岁时才上小学，只念了一年半就失学了。为了有口饭吃，父亲将他送去当了道士。14岁那年，他不得不到镇上叔叔开的杂货铺帮工。

1949年，罗盛教的家乡解放了。这年11月，他参加了中国人民解放军，成为湘西军政干部学校的一名学员。罗盛教文化程度较低，听起课来感到吃力，抓不住重点，笔记记不全。为了不掉队，每次下课后，他都要将别人的笔记借来，和自己的笔记对照，查缺补漏，然后用钢笔工工整整地抄写一遍。在建校劳动中，需要将倒在河中的一棵树抬到岸上搭桥用。罗盛教第一个跳进冰冷的河水中。在他的带动下，全班二三十个同学都跳进河里，终于将树拖上了岸，搭起了桥。

1951年4月，罗盛教响应党的号召，参加了中国人民志愿军，并随部队奔赴朝鲜，任志愿军第47军141师侦察队文书。在朝鲜他曾参加了1951年阵地防御作战。

在朝鲜的日子里，罗盛教和驻地平安南道成川郡石田里的老乡们结下了深厚的友谊。他经常帮房东大妈担水、劈柴，乡亲们都夸奖罗盛教是好样的。朝鲜人民对志愿军的深情厚谊，更使罗盛教深受感动。一次，部队在一个风雹交加的黑夜行军，伸手不见五指，一位朝鲜老大娘顶风冒雹地站在那里，手提保险灯为战士们照路，并不断提醒志愿军战士们：别掉进泥坑里。罗盛教觉得只有用杀敌立功的实际行动，才能报答朝鲜人民的深情厚谊。他几次要求上前线，可是指导员总是耐心地劝说他："你的决心是好的，可是革命工作有分工，你现在担任文书工作，对消灭敌人是有保证作用的！"罗盛教更加努力地工作，除圆满完成本职工作外，还经常冒着炮火到前沿阵地为战友送饭，抢救伤员。一天，连观察所附近的山村遭美军飞机轰炸，他冒着浓烟烈火，抢救出一位朝鲜老大娘和一名儿童。

1952年1月2日清晨，罗盛教和战友宋惠云一起去河边练习投掷榴弹。正值隆冬季节，河面已被厚厚的冰雪盖住，几个儿童正在滑冰，笑声阵阵。忽然，传来了呼救声，有人掉进冰窟窿了！罗盛教抓起自己的帽子，往地上一扔，急跑着，直冲过去。他一边跑一边飞快地脱掉身上的衣服，接着跳进了冰河里。过了好一会，罗盛教才浮出河面，深深吸了口气，又钻进水里。又过了一会，罗盛教终于将落水的孩子托出水面。当那少年两臂扒住冰面往上爬时，突然，哗啦一声，冰又塌了，少年连人带冰又落入水中。这时罗盛教全身已冻得发紫，体力已快消耗殆尽，但他却又一次潜入水中，好久，才用头和肩将少年顶出水面。这时宋惠云已将一根电线杆拖到河边，少年抱住电线杆被拉上了岸。人们急切地等待着罗盛教，然而，罗盛教却没再能爬上冰面，不幸牺牲了。

1952年2月3日，中国人民志愿军领导机关为表彰罗盛教伟大的国际主义和革命英雄主义精神，为他追记特等功，并追授"一级爱民模范"称号。同年4月1日，青年团中央委员会追授他"模范青年团员"称号。1953年6月25日，朝鲜民主主义人民共和国最高人民会议常任委员会追授他一级国旗勋章和一级战士荣誉勋章。

一身正比泰山重——向秀丽

　　在广州市银河烈士陵园的烈士纪念馆，参观者会看到这样一幅油画：火海深处，向秀丽拼尽力气向烈火扑去，用身体堵住了来势凶猛的火流。画上表现的情景距今已经过去五十多年，但人们从来不曾忘记向秀丽，每年清明节时成千上万的人民群众来到这里悼念这位救火英雄。

　　1933年5月13日，向秀丽出生于广州市一个贫苦家庭。新中国成立后，向秀丽在广州市何济公药厂工作。药厂里的工作辛苦劳累，但向秀丽从未埋怨过一句。向秀丽的入党介绍人吕燕珍曾这样评价说："向秀丽是个做事踏实的人，凡事听从组织安排，工作任劳任怨，从不讲价钱，不多出声，为人实在正直。"

　　1958年12月13日晚，向秀丽和另外两名年轻女工罗秀明、蔡秋梅在药厂4楼化工车间加班制造化学药剂"甲基硫氧嘧啶"。当时，罗秀明正要把一瓶净重25公斤的无水酒精倒入量杯，向秀丽见她提得吃力就去帮忙。一杯、两杯……最初她们配合得非常默契。但就在向秀丽开始倒第三杯酒精时，越来越倾斜的瓶身突然失去平衡，掉在地上摔得粉碎。

20多公斤的酒精倾泻出来，流向车间内10个火红的煤炉。一接触到煤炉的热气，酒精刹那间燃烧起来，车间内顿时变成了一片火海。更可怕的是，7桶60公斤重、用煤油浸着的金属钠就放在离酒精倾泻处不到4米的地方，金属钠遇水或高温便会立即爆炸。到时不仅整个工厂将毁于一旦，还会殃及上下九商业区的商铺、居民、学校。

向秀丽来不及为自己考虑什么，她拼命地用帽子、围裙拨酒精，阻止火势蔓延。大火烧毁了她的帽子、围裙，向秀丽想都不想，直接伸出双手阻挡酒精流向金属钠。看着几乎变成火人的向秀丽，蔡秋梅失声惊叫："阿丽，你身上着火了，快走吧！"她急忙冲到向秀丽身边，要为她扑灭身上的火。向秀丽一把推开她，大声说："别管我，快去叫人救火！"火流仍在迅速蹿动，金属钠已经冒起了白烟。向秀丽拼尽全身勇气和力量猛地扑在地上，用自己的身体挡住了来势凶猛的火流。

大火最终被闻声赶来的工人扑灭了，向秀丽的上衣烧得只剩下衣领，外裤只剩下裤头和左边的口袋，全身皮肤除了颈部以上和裤带部分外，全都烧伤了，双腿和左手的肌肉烧得焦黑。当人们在"向秀丽同志事迹展览会"里看到她被烧毁的衣、裤和她烧伤后的照片时，许多人不禁热泪盈眶。

在身负重伤到医院里后，向丽秀也处处表现了共产党员崇高的品质。她清醒后看到党支部书记，第一句话就问："金属钠有没有爆炸，工厂有没有受到损失？"她的妈妈去探望她时，她轻声安慰妈妈说："没有烧到工厂，我就安乐了。"她的丈夫是个火车司机，当他去探望她的时候，她总是追问："你怎么还不上班？不要常来看我，行车时不要为想我而思想开小差，免得发生事故。"当她知道党正在全力抢救她，有几百人排着长长的队伍要求为她输血、捐皮，就常常说："党和同志这样关心我，我用什么来报答呢？"

曾经日夜护理过向秀丽的外科医生邝宇同，在一篇文章中描述了向秀丽在生命垂危的时候，仍然关心别人进步的情形。这是一个晚上，向秀丽的创伤正发生剧痛，邝宇同和她谈起了上海钢铁工人丘财康同严重烧伤作斗争的事迹，她听了感动地说："我要向丘财康同志学习。"邝宇同说："我也要向他学习，同时要向你学习，我还是个共青团员！"向秀丽兴奋而恳切地对她说："邝医生，那你就好好努力，创造条件，争取早日入党吧！"

在医疗中，向秀丽的伤面只要一被触动，就比刀割还要痛，为了不让大家为她的创伤难过，她顽强地忍受着。时值除夕，医院里举行晚会，向秀丽听到舞曲声，就对医生、护士说："过新年啦，你们跳舞吧。我现在起不来，将来好了一定跟你们跳。"当医生、护士们果真跳起舞、唱起歌来的时候，向秀丽也高兴地唱起来了。在她生命中最后的一个早上，她凝望着窗外透进来的阳光，仍然满怀希望地问："医生同志，还有几天我能下床走路，再过几天我能出院工作呢？"护理过她的医护人员都说：只有共产党员，才能有这样坚强的意志和革命的乐观精神。尽管医院千方百计进行抢救，最终仍未能挽救向秀丽的生命。火灾33天后向秀丽去世，年仅26岁。

向秀丽舍身救火的事迹传开后，全国各地掀起了学习"向秀丽精神"的热潮。林伯渠、董必武、郭沫若、陶铸等国家领导人为她作诗题词。林伯渠在诗中写道："磊落光明向秀丽，扶危定倾争毫厘。一身正比泰山重，风格如斯世所师。"1959年，广州市人民政府追认向秀丽为革命烈士。

钻研人生——陈景润

陈景润（1933年5月22日—1996年3月19日），福建福州人，著名数学家，厦门大学数学系毕业。1966年发表陈景润《表达偶数为一个素数及一个不超过两个素数的乘积之和》（简称"1+2"），成为哥德巴赫猜想研究上的里程碑。而他所发表的成果也被称之为陈氏定理。

陈景润1933年5月22日生于福建省福州市。他从小是个瘦弱、内向的孩子，却独独爱上了数学。演算数学题占去了他大部分的时间，枯燥无味的代数方程式使他充满了幸福感。

陈景润在福州英华中学读书时，有幸聆听了清华大学调来的一名很有学问的数学教师沈元讲课。他给同学们讲了一道世界数学难题："大约在200年前，一位名叫哥德巴赫的德国数学家提出了'任何一个大于2的偶数均可表示两个素数之和'，简称1+1。他一生也没证明出来，便给俄国圣彼得堡的数学家欧拉写信，请他帮助证明这道难题。欧拉接到信后，就着手计算。他费尽了脑筋，直到离开人世，也没有证明出来。之后，哥德巴赫带着一生的遗憾也离开了人世，却留下了这道数学难题。200多年来，这个哥德巴赫猜想之谜吸引了众多的数学家，从而使它成为世界数学界一大悬案。"老师讲到这里还打了一个有趣的比喻，数学是自然科学皇后，"哥德巴赫猜想"则是皇后王冠上的明珠！这引人入胜的故事给陈景润留下了深刻的印象，"哥德巴赫猜想"像磁石一般吸引着陈景润。从此，陈景润开始了摘取数学皇冠上的明珠的艰辛历程……

1953年，陈景润毕业于厦门大学数学系，曾被留校，当了一名图书馆的资料员，除整理图书资料外，还担负着为数学系学生批改作业的工作，尽管时间紧张、工作繁忙，他仍然坚持不懈地钻研数学科学，他利用一切可以利用的时间系统地阅读了我国著名数学家华罗庚的专著。陈景润为了能直接阅读外国资料，掌握最新信息，在继续学习英语的同时，又攻读了俄语、德语、法语、日语、意大利语和西班牙语。学习这些外语对一个数学家来说已是一个惊人突破，但对陈景润来说只是万里长征迈出的第一步。

由于陈景润对数论中一系列问题的出色研究，受到华罗庚的重视，被调到中国科学院数学研究所工作。华罗庚对陈景润有知遇之恩，陈景润视华罗庚更是"一日为师，终身为父"。师生之间的隆情厚谊在数学界传为美谈。

"自然科学的皇后是数学，数学的皇冠是数论，'哥德巴赫猜想'则是皇冠上的明珠"。这一至关重要的启迪之言，成了陈景润一生为之呕心沥血、始终不渝的奋斗目标。为证明"哥德巴赫猜想"，摘取这颗世界瞩目的数学明珠，陈景润以惊人的毅力，在数学领域里艰苦卓绝地跋涉。

这曾是一个举世震惊的奇迹：一位屈居于6平方米小屋的数学家，借一盏昏暗的煤油灯，伏在床板上，用一支笔，耗去了6麻袋的草稿纸……陈景润宿舍的灯光经常亮到天亮，他对"哥德巴赫猜想"达到了入迷的程度。在图书室看书时，管理员喊下班了，他一点也不知道，等到肚子饿了才想到吃饭，他匆匆向外走去，结果是"铁将军"把门。他笑了笑，又转身回到书库，重新钻进了书的海洋。他走路也是边想边走，有一次他碰到路旁的大树上，连忙道歉，见对方没有反应，他仔细一看，才知道自己碰的是一棵茂盛的白杨树……

经过10多年的推算，在1965年5月，陈景润发表了他的论文《大偶数表示一个素数及一个不超过2个素数的乘积之和》。论文的发表，受到世界数学界和著名数学家的高度重视和称赞。英国数学家哈伯斯坦和德国数学家黎希特把陈景润的论文写进教科书中，称为"陈氏定理"。华罗庚等老一辈数学家对陈景润的论文给予了高度评价。世界各国的数学家也纷纷发表文章，赞扬陈景润的研究成果是

"当前世界上研究'哥德巴赫猜想'最好的一个成果"。

陈景润攻克了世界著名数学难题"哥德巴赫猜想"中的"1+2"，创造了距摘取这颗数论皇冠上的明珠"1+1"只是一步之遥的辉煌。可是，这个世界数学领域的精英，在日常生活中却不知商品分类，有的商品名字都叫不出来，被称为"痴人"和"怪人"。

1996年3月19日，在患帕金森氏综合症12年之后，由于突发性肺炎并发症造成病情加重，陈景润终因呼吸循环衰竭逝世，终年62岁。

陈景润研究"哥德巴赫猜想"和其他数论问题的成就，至今仍然在世界上遥遥领先。世界级的数学大师、美国学者阿·威尔曾这样称赞他："陈景润的每一项工作，都好像是在喜马拉雅山山巅上行走。"1978年和1982年，陈景润两次受到国际数学家大会作45分钟报告的最高规格的邀请。对于陈景润的贡献，中国的数学家们有过这样一句表述：陈景润是在挑战解析数论领域250年来全世界智力极限的总和。

小链接 ···

陈景润语录

◎科学的道路上我只是翻过了一个小山包，真正高峰还没有攀上去，还要继续努力。

◎攀登科学高峰，就像登山运动员攀登珠穆朗玛峰一样，要克服无数艰难险阻，懦夫和懒汉是不可能享受到胜利的喜悦和幸福的。

···

人生能有几回搏——容国团

容国团（1937年8月10日—1968年6月20日），中国男子乒乓球运动员，生于香港，原籍广东省中山县南屏乡（今属广东省珠海市南屏镇）。他是夺得第一个世界冠军的中国人，也是我国第一个团体世界冠军队成员，还带队夺得第一个女团世界冠军。他喊出的"人生能有几回搏"，至今还影响着中国体育人。

容国团1937年8月10日出生在香港一个海员家庭，最早在家乡广东珠海一所华侨学校上学，成绩优异，学打球也很用心。容国团儿时住在筲箕湾山上的木屋区（今耀东村），与国际著名经济学家张五常为好友，他凭借自创的"直拍四法门"，成为"街头球王"。

容国团的父亲容勉之是进步组织工联会下属的海员工会会员，容国团可以常去工联会的康乐馆打球。因容勉之失业，13岁的容国团退学在一家鱼行当童工。肮脏的环境、超重的劳动使他染上肺结核。后被好心的工联会人员安排在康乐馆管理图书、陪顾客打球。

1957年2月的全港乒乓球赛，容国团代表工联会参战，与队友夺得男团、男单和男双冠军。4月，容国团以2∶0击败来港访问的世界乒乓球团体冠军日本队的主力队员荻村伊智朗。次年，他代表工联乒乓球队参加全港比赛，一举夺得了男子单打、双打和男子团体三项冠军。当年9月，容国团作为港澳乒乓球队队员到北京、上海、杭州访问，亲眼看见祖国欣欣向荣。两个月后，他毅然跨过了罗湖桥，进广州体育学院学习，在广州体委一次大会上，容国团立下"三年夺取世界冠军"的誓言，引起轰动。

1958年，容国团参加全国乒乓球锦标赛，获男子单打冠军。随后被选为国家集训队队员。他直拍快攻打法，球路广，变化多，尤精于发球，推、拉、削、搓和正反手攻球技术均佳。较好地继承和发展了中国传统的左推右攻打法，并创造了发转与不转球，搓转与不转球的新技术。在比赛中，他运用战术灵活多变，独具特色。中国乒乓球近台快攻的技术风格，就是在总结了他的技术经验之后，由原来的"快、准、狠"，发展为"快、准、狠、变"。

1959年3月，第25届世界乒乓球锦标赛在多特蒙德拉举行。容国团在男子单打中，最后与九获世界冠军的匈牙利老将西多争夺桂冠。针对西多肥胖的身材，他发球长短兼施，配合拉侧上旋，把拉杀的角度加大，在先输一局情况下连胜三局，战胜西多。容国团的名字第一次刻在圣 勃莱德杯上，为中华体坛健儿首获世界冠军者。

回国后，毛主席、周总理等党和国家领导人接见了乒乓球代表团成员。周总理更将容国团夺冠和十年国庆视为1959年两件大喜事，将中国首次生产的乒乓球命名为"红双喜"。乒乓球热迅速在全国兴起。

第26届世乒赛1961年在北京举行。男团比赛，中国队势如破竹，连胜8场，获小组第一名。决赛由3个小组第一名打循环赛决出冠亚季军。中国队先以5∶1胜匈牙利队。下午，上届冠军日本队以5∶2胜匈牙利队。晚上，北京工人体育馆座无虚席，中日之战在人们的期待中开始。已成为众矢之的的容国团先后负于荻村和木村。有队友问："下一场你准备怎么办？""人生能有几回搏？"容国团举双拳仰天长啸，"此时不搏，更待何时？"

当中国队以总分4∶3领先时，容国团沉着地用推、拉、搓相结合的办法钳制住星野展弥，终以2∶1获胜。中国队以5∶3击败日本队，首获男团世界冠军。

1965年春天，当第28届世乒赛在南斯拉夫卢布尔雅那开幕时，容国团担任教练已两年，当女队主要教练却只有几个月。女团比赛，中国队屡派两个攻球手李赫男和梁丽珍出战，所向披靡。讨论决赛名单时，容国团拿出早已成竹在胸的方案。他画了一条龙，龙身处写着梁丽珍、李赫男的名字，两个龙眼则分别写了"林（慧卿）"、"郑（敏之）"。

3：0，中国女队以明显的优势击败了6次夺冠、最近连续夺冠的日本队，首捧考比伦杯。外国通讯社评论："中国人这种大胆策略，将在世界乒坛传为佳话。这一胜利令人信服地看到了旭日东升般的新中国。"

"文革"中，容国团蒙受不白之冤，受到迫害。1968年6月20日，他用自己的方式结束了生命。1987年11月，珠海市政府在该市体委大院内竖立容国团铜像。2009年月5日，中国乒乓球队首获世界冠军50周年纪念活动在珠海举行。同一天，容国团纪念馆在珠海华发新城容闳学校开馆。纪念馆陈列着大量珍贵的历史照片，还有容国团留下的"人生能有几回搏，此时不搏，更待何时"的手迹。

容国团首先喊出的"搏"，助"国球"走上长盛不衰之路。后来，拼搏精神渐渐成为中国体育界常用语，激励着无数人战胜困难，勇敢前行。

知识分子优秀代表——蒋筑英

蒋筑英，浙江省杭州人，光学专家，中共党员，全国劳动模范。

蒋筑英1939年出生于杭州市一个旧职员家庭。1954年，他的父亲因历史问题被错判劳改入狱，年仅15岁的他承受了精神上和生活上的巨大压力。但他从不怨天尤人，仍努力学习以报答祖国，1956年以优异成绩考入北京大学物理系。他在北大期间，学好专业课的同时还掌握了英、俄、德、日、法五门外语。由于家庭困难，蒋筑英靠助学金完成了学业。大学期间十个寒暑假，他有八个是在图书馆度过的。

1962年大学毕业前夕，母亲来信催他回上海或杭州工作。蒋筑英理解母亲的苦衷，却也知道中国最大的光学基地和最著名的光学科学家都在东北。他写信说服了母亲，来到长春，成为中国科学院长春光学精密机械研究所著名光学科学家王大珩的研究生。

导师王大珩很快看出，蒋筑英这个学生质朴、正直、勤奋，并判定他是块璞玉，经过雕琢必然会放出奇光异彩。根据导师的指点，蒋筑英选定了光学传递函数这一开创性研究课题。1965年，他年仅26岁，便在同事们的帮助下建立了中国第一台光学传递函数测量装置，令日本学者大为惊奇。此后，他又在光学传递函数研究方面取得了一个又一个重要成就，先后解决了国产镜头研制工作中的一些关键技术难题。70年代，中国彩色电视的复原技术十分落后，导致颜色失真严重。蒋筑英就与导师王大珩一起攻关，提出了彩色复原质量问题的新方案，最后攻破了这一技术难关，使人们得以看到图像清晰、色彩逼真的彩色电视。

蒋筑英是中国光学界的优秀人才。他在科学研究中勇于探索，刻苦钻研，任劳任怨，在光学机械检测等领域做了大量工作。他那饱满的进取精神和淡泊、坦荡的高尚人格，给人们留下了宝贵的精神财富。

蒋筑英对待同志、荣誉和个人利益有着坦荡的胸怀和高尚的风格。他掌握英、德、法、俄、日5门外语，翻译了大量外国资料，但从不占为已有；研究所评职称、分房子、提工资，他都多次主动让给别人。

蒋筑英一生坎坷，因家庭出身一直解决不了入党问题，但他丝毫没有动摇对党的坚定信念，没有改变对祖国的一片赤子之心。在长春光学精密机械研究所的二十年里，他从一名学生成长为一名副研究员，一直无怨无悔、勤勤恳恳地工作。他虽无一官半职，却十分关心群众的疾苦，被称为"不管部长"。1982年6月，在蒋筑英生命的最后四天里，他收拾了新建的实验室，修好院里被破坏的柏油路面，帮助同事家里修理下水道，又忍着腹部的疼痛到成都替一位家有急事的同事出差。飞抵成都的当晚，他就召集验收组的人员开会直到深夜11时。次日一大早，他换乘两次公共汽车，步行了三段路程到达某工厂，忍着病痛开展工作。6月14日深夜，他因腹痛难忍被送进医院。医生诊断他长期积劳成疾，患有化脓性胆管炎、败血病、急性肺水肿等多种疾病。因抢救无效，蒋筑英于6月15日下午5时3分去世，终年43岁。

蒋筑英一生最大的愿望，是成为一名共产党员。他生前一再向党组织提出申请，去世前不久所里已批准他填写《入党志愿书》。他去世后，中共吉林省委根据他生前的表现和愿望，追认他为中国共产党正式党员。经长春市人民政府批准，其骨灰盒安放在革命公墓。国务院追授他为全国劳动模范。聂荣臻元帅称赞他是"知识分子的优秀代表"。

伟大的共产主义战士——雷锋

雷锋（1940年12月18日—1962年8月15日），原名雷正兴，中国湖南省长沙市望城县（今望城区雷锋镇）人。雷锋是中国家喻户晓的全心全意为人民服务的楷模，共产主义战士；他作为一名普通的中国人民解放军战士，在他短暂的一生中却助人无数，毛泽东主席于1963年3月5日亲笔为他题词"向雷锋同志学习"，并把3月5日定为学雷锋纪念日；一部可歌可泣的《雷锋日记》令读者无不为之动容。"雷锋精神"激励着一代又一代人学习。

1940年12月18日，雷锋出生在湖南省长沙市望城县一个贫苦农民家庭，解放前，他的亲人因遭迫害相继含恨死去。当时年仅7岁的雷锋沦为孤儿，在六叔公和六叔奶奶的拉扯和自己的流浪下，艰难地活了下来。

1949年8月，雷锋的家乡解放后，雷锋从此结束了痛苦的生活。在党和人民政府的关怀下幸福成长，他参加儿童团，进小学读书，并第一批加入了中国共产主义少年先锋队。1956年，他小学毕业后参加了工作。先后在乡政府当通讯员和中共望城县委当公务员。他工作积极，埋头苦干，被县委机关评为"工作模范"。1957年2月，雷锋在团山湖农场开拖拉机时，加入中国共产主义青年团，在根治沩水河中，被评为工地模范。此后，他相继在望城县沩水工程指挥部、团山湖农场和辽宁鞍山钢铁公司化工总厂当拖拉机手和推土机手，工作出色，多次被评为"红旗手"、"劳动模范"、"先进生产者"和"社会主义建设积极分子"，并出席了鞍山市青年积极分子代表大会。

1958年11月，在他不满18岁时，雷锋来到鞍钢参加工业建设，三次被评为先进生产者，五次被评为红旗手，十八次被评为标兵。1960年1月8日，雷锋应征入伍，同年11月加入中国共产党。在部队的培养教育下，他进一步提高了政治觉悟，牢固地树立了全心全意为人民服务的思想和为共产主义奋斗终身的远大目标。他不忘阶级苦，懂得"怎样做人，为谁活着"，忠于党、忠于人民、忠于祖国、忠于社会主义；以"钉子"精神刻苦学习毛泽东著作和科学文化知识，不断提高为人民服务的本领；以甘当"螺丝钉"的精神，干一行、爱一行、钻一行，在平凡的岗位上作出了不平凡的事迹。连队分配他当汽车兵，他努力钻研驾驶技术，成为一名合格的汽车驾驶员。担任班长后，大胆管理，事事模范带头，带领全班成为部队先进集体。他热爱集体，关心战友，关心群众，把"毫不利己、专门利人"看成是人生最大的幸福和快乐，并身体力行，认真实践，"把有限的生命投入到无限的为人民服务之中去"。他把自己省吃俭用积存起来的钱，寄给受灾人民，送给家庭困难的战友。他经常在节假日和休息时间到部队驻地附近车站。在一次倒车过程中，雷锋不幸被倒下来的晾衣服的木杆砸在太阳穴上，当场晕倒在地，昏死过去，经全力抢救无效，不幸牺牲。

雷锋同志因公殉职后，1963年1月7日，国防部命名他生前所在班为"雷锋班"；1963年3月1日，全国人大委员长朱德题词："学习雷锋做毛主席的好战士"；1963年3月5日，毛泽东亲笔题词："向雷锋同志学习"；刘少奇题词："学习雷锋同志平凡而伟大的共产主义精神"；周恩来题词："向雷锋同志学习：憎爱分明的阶级立场，言行一致的革命精神，公而忘私的共产主义风格，奋不顾身的无产阶级斗志。"此后，掀起全国人民特别是青少年向雷锋学习的热潮；此后，每年3月5日便成了全民学雷锋的日子；雷锋以其不平凡的一生最终成为一位伟大的共产主义战士、家喻户晓的全心全意为人民服务的楷模，雷锋精神培育着一代又一代新人成长。

小链接

雷锋语录

◎听党的话，服从命令听指挥。党指向哪里，我就冲向哪里。

◎我愿永远做一颗永不生锈的螺丝钉。

◎人的生命是有限的，可是，为人民服务是无限的，我要把有限的生命，投入到无限的为人民服务之中去。

◎对待同志要像春天般的温暖，对待工作要像夏天一样火热，对待个人主义要像秋风扫落叶般毫不留情，对待敌人要像严冬一样残酷无情。

领导干部的楷模——孔繁森

孔繁森，1944年出生，山东聊城人。孔繁森被誉为"90年代的雷锋""新时期的焦裕禄""领导干部的楷模""民族团结的典范"。他用真挚的爱民之情，赤诚的为民之心，强烈的富民之愿，用生命回答了人为什么活着，怎样活着更有价值。

孔繁森，出生于1944年7月。1961年，17岁的孔繁森光荣参军，在部队连年被评为"五好战士"。1966年9月，孔繁森光荣地加入中国共产党。1969年，他从部队复员后，先当工人，后被提拔为国家干部。1979年，国家要从内地抽调一批干部到西藏工作，时任地委宣传部副部长的孔繁森主动报名，并写下了"是七尺男儿生能舍己，作千秋鬼雄死不还乡"的条幅。

1979年，孔繁森第一次赴西藏工作，担任日喀则地区岗巴县委副书记。在岗巴工作3年，孔繁森跑遍了全县的乡村、牧区，与藏族群众结下了深厚的友谊。1988年，山东省再次选派进藏干部，组织上认为孔繁森在政治上成熟又有在藏工作经验，便决定让他带队第二次赴藏工作。进藏后，孔繁森担任拉萨市副市长，分管文教、卫生和民政工作。到任仅4个月的时间，他就跑遍了全市8个县区所有的公办学校和一半以上的村办小学，为发展少数民族的教育事业奔波操劳；为了结束尼木县续迈等3个乡群众易患大骨节病的历史，他几次爬到海拔近5000米的山顶水源处采集水样，帮助群众解决饮水问题；了解到农牧区缺医少药的情况后，他每次下乡时都特地带一个医疗箱，买上数百元的常用药，工作之余就给农牧民群众认真地听诊、把脉、发药、打针，直到小药箱空了为止。

1992年，拉萨市墨竹工卡等县发生强烈地震，孔繁森在羊日岗乡的地震废墟上，领养了3名藏族孤儿——12岁的曲尼、7岁的曲印和5岁的贡桑。收养孤儿后，孔繁森生活更加拮据，为此他曾3次以"洛珠"的名义献血900毫升，900毫升的鲜血蕴含着孔繁森对藏族孤儿深深的爱。

1992年底，孔繁森第二次调藏工作期满，西藏自治区党委决定任命他为阿里地委书记，这一任命意味着孔繁森将继续留在西藏工作。面对人生之路又一次重大选择，他毫不犹豫地服从了党的决定、人民的需要。阿里地处西藏西北部，平均海拔4500米，被称为"世界屋脊的屋脊"。这里地广人稀，常年气温在零摄氏度以下，最低温度达零下40多度，每年7级至8级大风占140天以上，恶劣的自然环境、艰苦的生活条件使许多人望而却步。

可是，1993年春天，年近50岁的孔繁森赴任阿里地委书记后，在不到两年的时间里，全地区106个乡他跑遍了98个，行程达8万多公里，茫茫雪域高原到处都留下了他深深的足迹。在孔繁森的勤奋工作下，阿里经济有了较快的发展。1994年，全地区国民生产总值超过1.8亿元，比上年增长37.5%；国民收入超过1.1亿元，比上年增长6.7%。他为了制定把阿里地区的经济带上新台阶的规划，准备在最有潜力的边贸、旅游等方面下工夫。为此，他带领有关部门，亲自到新疆塔城进行边贸考察。1994年11月29日，他完成任务返回阿里途中，不幸发生车祸，以身殉职，时年50岁。

在孔繁森的葬礼上，悬挂着一副挽联，形象地概括了孔繁森的一生，也道出了藏族人民对他的怀念："一尘不染，两袖清风，视名利安危淡似狮泉河水；两离桑梓，独恋雪域，置民族团结重如冈底斯山。"

人们在料理孔繁森的后事时，看到两件遗物：一是他仅有的8元6角钱；一是他去世前4天写的关于发展阿里经济的12条建议。这就是孔繁森留下的遗产，体现出一名共产党员的高尚情怀。

小链接 ···

孔繁森语录

◎老是把自己当珍珠，就时常有怕被埋没的痛苦。把自己当泥土吧！让众人把你踩成路。

自强自立——张海迪

张海迪1955年9月生于济南，她以保尔•柯察金的英雄形象鼓舞自己，在残酷的命运挑战面前，她没有沮丧和沉沦，用惊人的毅力忍受着常人难以想象的痛苦，同病残作顽强的斗争，同时勤奋地学习，忘我地工作，经受了严峻的考验，对人生充满了信心。

5岁时，爱唱爱跳的小海迪突然跌倒，经过多家医院检查确诊，她患上了脊髓血管瘤。以后的4年里，小海迪动过3次大手术，先后摘除了6块椎板，幼小的生命虽然保住了，却从此高位截瘫。她因此没进过学校，童年起就开始以顽强的毅力自学知识。

15岁时，张海迪随父母下放到山东莘县一个贫穷的小村子，她总是以乐观向上的精神鼓励自己。在那里，她给村里小学的孩子们教书。

张海迪还自学了英语、日语、德语和世界语，翻译了近20万字的外文著作和资料。翻译出版了《海边诊所》《丽贝在新学校》《小米勒旅行记》《莫多克——一头大象的真实故事》等作品。1983年，张海迪开始走上文学创作的道路，著有散文集《鸿雁快快飞》

《向天空敞开的窗口》《生命的追问》。还写作出版长篇小说《轮椅上的梦》《绝顶》等。多本著作在国外出版，曾获全国"五个一工程"图书奖。至今，张海迪创作和翻译的作品超过200万字。

20世纪80年代初，张海迪的事迹被媒体报道后，在社会上引起强烈反响。1983年3月7日团中央举行命名表彰大会，授予张海迪"优秀共青团员"光荣称号，并作出向她学习的决定。1983年5月，中共中央发出《向张海迪同志学习的决定》，邓小平亲笔为她题词："学习张海迪，做有理想、有道德、有文化、守纪律的共产主义新人!"1983年全国妇联授予她"三八红旗手"称号；1989年中宣部授予她"优秀青年思想工作者"称号；1991年中国残联授予她"自强模范"称号。

1991年，张海迪在做过癌症手术后，继续以不屈的精神与命运抗争，她开始发奋学习哲学专业研究生课程。1993年，她在吉林大学哲学系通过了研究生课程考试，并通过了论文答辩，被授予哲学硕士学位。1997年张海迪被日本ＮＨＫ电视台评为"世界五大杰出残疾人"；2000年被国务院授予"全国劳动模范"称号。

张海迪多年来还做了大量的社会工作，她以自己的演讲和歌声鼓舞着无数青少年奋发向上。她经常去福利院、特教学校、残疾人家庭，看望孤寡老人和残疾儿童，给他们送去温暖。

张海迪曾长期担任中国残疾人福利基金会理事，中国残疾人联合会主席团委员，山东省残疾人联合会副主席等职务。2008年11月，张海迪当选中国残联第五届主席团主席。她积极参加残疾人事业的各项工作和活动，呼吁全社会都来支持残疾人事业，关心帮助残疾人，激励他们自强自立，为残疾人事业的发展作出了突出的贡献。

教师楷模——孟二冬

孟二冬，1957年生人，中共党员，北京大学中国语言文学系教授，博士生导师。这位以顽强的毅力、豁达的态度、扎实的工作和深厚的学问赢得无数尊敬的教授，用他"上好每一节课"的朴素信念诠释了教师职业的深刻内涵。他坚守自己的理想，坚守对教育的追求，坚守对师德的认识，坚守对生活的热爱。"做平凡的人是有意义的"，这是对孟二冬人生的写照，他以一种平凡的方式最终达成了令人景仰的卓越。

1957年1月12日，孟二冬出生于安徽省蚌埠。他中小学时期学习成绩突出，品学兼优。1978年3月，孟二冬通过高考成为宿州师范专科学校中文系的学生。1980年2月初，他被择优留校，成为中文系老师。他求学的脚步从未停歇，十余年中三进北大，有幸到北大中文系进修古代文学，开始师从袁行霈先生。

1985年，孟二冬以专业课第一名的成绩考取袁行霈先生的硕士研究生。1988年，孟二冬研究生毕业后，来到初创的烟台大学任教，担任烟台大学中文系古代文学教研室主任。1991年，孟二冬又考取了袁行霈先生的博士生，1994年毕业后留在北大中文系古代文学教研室任教。从1994年到2001年初赴东京大学做访问学者之前，孟二冬一直兼任北大中国传统文化研究中心学术秘书，是袁行霈先生的得力助手。

孟二冬备课缜密周详，课前静坐"过电影"，课后"回放"找得失。每个问题的来龙去脉、每个论点的论据都有翔实的文献资料作支撑。他从不对学生发脾气，课上课下，学生们看到的孟老师，是一位博学而又酷爱运动、儒雅而又专注学术、敬业而又热爱生活的老师和朋友。

孟二冬先后出版了《中唐诗歌之开拓与新变》等多部论著，获国家图书奖等多个奖项。有很长一段时间，为了完成那部具有重大史学文献价值的专著《登科记考补正》，孟二冬几乎每天与馆员一起上下班，成了北大图书馆古籍善本室最忠实的读者。《登科记考》是清代学者徐松所著的关于古代科举方面的名作。1994年，孟二冬查找了大量资料，发现此书内容存在大量缺误。于是，他开始对这一著作进行研究和整理。孟二冬花了7年时间，终于完成了100多万字的《登科记考补正》（上、中、下三册，北京燕山出版社出版）。2004年，这部专著荣获北京市哲学社会科学优秀成果奖一等奖，并得到我国文学界和史学界的高度评价，认为这是近些年我国文学界和史学界不可多得的一部力作。写这部著作时，孟二冬翻遍了能够收集到的所有相关古籍。经过大量艰苦的研究，仅科举的人数就比原著增加了一半。他付出了大量心血，得到的稿费却只有3万元。就是这3万元，他还全部换成了著作，送给自己的老师和学生。

袁行霈先生说，做学问特别讲究用第一手资料，孟二冬都是从第一手资料出发，研究功底非常扎实。他洋洋400多万字的研究成果，从《中国诗学通论》到《千古传世美文》，从《陶渊明集译注》到《中国文学史》，都像他的为人一样厚实可信。

孟二冬长期从事中国古代文学的研究，正是优秀灿烂的传统文化哺育了他这样的学者。他拥有丰富的内心世界和向上的精神追求，谦和待同事，关爱待学生，始终坚守着知识分子应具有的责任、执著、勇气和道义，在平凡间显示出不平凡的品格。

2004年3月1日，孟二冬来到新疆石河子大学支教。他主动要求增加课时，达到正常工作量的3倍，还为中文系教师们开设了"唐代科考"的选修课。到校第二周，孟老师就出现了严重的嗓子喑哑症状。医生作出"噤声"的医嘱后，他强忍病痛给学生上课，直到倒在讲台上。经医院诊断，他患了食管恶性肿瘤。回到北京治疗期间，他仍以顽强的毅力坚持课题研究和指导研究生。2006年4月22日，孟二冬因病医治无效在北京逝世，年仅49岁。他被授予全国五一劳动奖章，荣获全国模范教师等称号，被追授为全国优秀共产党员。

季羡林先生曾说，中国知识分子最可贵的就是强烈的爱国主义精神，它在不同时代有不同的表现形式。孟二冬把对党和人民的热爱，全部凝聚在工作中。在他身上，我们看到了一位人民教师淡泊名利、无私奉献的崇高品德，看到了一位学者无比丰富的心灵和高尚的情怀。孟二冬是党培养的知识分子的优秀代表，他在数十年的求学与教学过程中，将做人和做学问和谐地统一在一起，始终把学生放在心上，默默无闻地实践着一个共产党员和人民教师的价值标准，用自己的行动再次诠释了人生的真谛。

2006年6月5日，他的女儿孟菲致信胡锦涛总书记，寄情、致谢、言志；6月9日，总书记满怀感情地写了回信："……我是含着热泪读完你这封来信的。你对爸爸无尽的思念，你记述他在最后的日子里仍惦记着他的学生、眷恋着他未竟的事业，所有这些，都使我深受感动。你爸爸是一位平凡的学者，但他以勤勉踏实的治学精神攀登学术高峰，作出了不平凡的业绩。你爸爸是一个普通的教师，但他为人师表的高尚品德却深深打动了每一个人，给人以心灵的震撼。你爸爸不愧是教书育人的杰出楷模，不愧是当代中国知识分子的优秀代表。……"9月7日，新华社发表消息，报道这封信在全国教师中引起的强烈反响。老师们说："这不是写给孟菲一个人的回信，这是写给所有教师的。"

 小链接

孟二冬语录

◎寒来暑往，青灯黄卷；日复一日，萧疏鬓斑，几不敢偷闲半日。

◎板凳要坐十年冷，文章不写一句空。

◎唐代诗人刘禹锡有两句诗，"沉舟侧畔千帆过，病树前头万木春"，是他在遭受了重大的政治和人生挫折后写下的，他是在勉励自己以乐观向上、积极的态度面对未来、面对人生。我今天也成了"病树"，但我这棵"病树"也充满信心，要和你们这些"参天大树"们一起迎接新的春天，一起拥抱新的春天。

雷锋传人——郭明义

郭明义，1958年12月生人，任鞍山钢铁集团矿山公司齐大山铁矿生产技术室采场公路管理员。曾先后任矿用大型生产汽车驾驶员、车间团支部书记、矿党委宣传部干事、车间统计员兼人事员、英文翻译等。郭明义曾先后获部队学雷锋标兵、鞍钢劳动模范、鞍山市特等劳动模范、全国无偿献血奉献奖金奖、中央企业优秀共产党员、全国"五一劳动奖章"等荣誉称号，是鞍山市无偿献血形象代言人。2012年3月2日，中央精神文明建设指导委员会授予郭明义同志"当代雷锋"荣誉称号。

从小到大，雷锋一直是郭明义的榜样。他认为，做雷锋传人，就要立足本职、奉献岗位，在爱一行、钻一行、精一行中收获幸福。在鞍钢，当汽车司机，他创造了单车年产最高纪录；任车间团支部书记，他所在的支部是红旗团支部；当宣传干事，他写的党课教案荣获一等奖；在车间当统计，他第一个获得资质证书；做英文翻译，他赢得了外方专家赞扬。调任矿山公路管理员后，他每天提前两个小时到现场，双休日、节假日从不休息。十几年来，累计加班15 000小时，相当于多干了几年的工作。有人说他是"越干越基层、越干越辛苦"，但是他没有感觉到苦，而是越干越起劲，在适合自己的岗位上做一些力所能及的事情，他觉得非常快乐。

1990年，齐大山铁矿号召职工义务献血，郭明义立刻报了名。郭明义说，看到对社会、对企业、对他人有意义的事情时，总会想到自己是一名共产党员。这是郭明义第一次献血。也就是因为这次献血，他了解到他们献的血能挽救他人的生命，可血库却经常血源不足。

从此，他年年坚持无偿献血，有时一年两次，20余年，从未间断。

2005年，郭明义又开始捐献血小板，开始时从800毫升血浆中提取一个单位的血小板，后逐渐增加到从1 600毫升中提取两个单位的血小板，每月捐献一次，已捐献40多次。据介绍，一个体重75公斤的成年人，全身血液大约是6 200毫升，截止到2010年上半年，郭明义已累计献血6万毫升，（平均每次献血1.1升，每年献血2.7次），相当于他身体全部血液量的10倍多。

2007年2月，鞍山市中心血站血源告急，向郭明义求援。征得领导的同意后，郭明义写了一份无偿献血倡议书，一个班组一个班组地进行宣传。3月2日这天，"齐矿"100多名职工参加了无偿献血，总献血量达到2万多毫升。一次来这么多人献血，完全超出鞍山市中心血站的预想，血站职工非常感动。像这样较大规模献血，郭明义组织了10余次，累计献血达到10万多毫升。

2008年12月，郭明义获得国家卫生部颁发的"全国无偿献血奉献奖金奖"。

除义务献血外，郭明义的奉献善举中还有一项非常重要的事件，这要从1994年说起。在电视里看到偏远山区的孩子辍学的新闻，看到希望工程的"大眼睛"公益广告时，郭明义被孩子们企盼念书的眼神牢牢抓住了，内心受到强烈冲击，来自心灵深处的声音告诉自己"一定要为他们做点什么"。几天后，郭明义怀揣200元钱走进鞍山市"希望工程"办公室，开始了他的"资助之旅"。

第一次资助，郭明义将200元钱捐给了岫岩满族自治县的一名男孩。几天后，一封感谢信放在郭明义办公桌上，歪歪扭扭的铅笔字诉说着受助者的家庭困境及感激之情。看着信件，郭明义和妻子被这个家境贫寒却十分渴望读书的孩子深深打动了。他们又给孩子寄去了200元钱。一个月的时间内，郭明义捐助了400元，而那时他的工资还不到600元。

在资助贫困学生的过程中，郭明义不仅捐助资金，还尽一切形式为学生提供其他帮助。休息时间，他参加了市里组织的圆梦行动，为孩子送去300余本图书及学习工具；得知汤岗子小学一名贫困学生需要一辆自行车上学的情况后，立刻把自己价值300多元的凤凰牌自行车擦得锃亮捐给了他；快过年了，郭明义把崭新的衬衣连同200元钱送到千山区的一名贫困学生手中。

"做一件好事不难，难的是一辈子做好事"。从踏上"资助"之路起，郭明义的脚步从来没有停止过，最多时一年资助过6名学生。13年来，郭明义的爱心撒播在海城、岫岩及鞍山市区等地。他先后资助了40多名贫困的小学生、中学生以及大学生，捐助资金达5万余元。

2010年8月，胡锦涛总书记对郭明义同志先进事迹作出重要批示："郭明义同志是助人为乐的道德模范，是新时期学习实践雷锋精神的优秀代表。要大力宣传和弘扬郭明义同志的先进事迹和崇高品德，为构建社会主义和谐社会提供强大精神力量。"

小链接 ···

郭明义语录

◎我所做的一切，如果在30年前，在全民学雷锋的时代，应该是极其平常的。我这样去做事，就像父母抚养子女、儿女孝敬老人一样，没有那么多复杂的动机和缘由，就是天经地义的事。

◎有人觉得存款多、房子大是财富。可我觉得物质财富，只供个人享受，不算真正的幸福；如果用来帮助困难群众，大家分享，就会带给更多人幸福。对我来说，这55本献血证、200多封感谢信，就是对我最大的奖赏。

爱心大使——丛飞

丛飞，原名张崇，1969年生人。他是一名歌手，也是一名义工，还是183个孩子的"父亲"。他深受观众喜爱，有足够的条件让自己生活富足，但他却倾尽家财资助贫困学生，为孩子们花了几百万元，而自己却没钱治病甚至负债。

"我叫丛飞，来自深圳，义工编码是2478。能对社会有所奉献，能对他人有所帮助，我感到很快乐"。这是丛飞留给世界的简短而厚重的声音。多年过去，深圳"爱心大使"丛飞的善言和善举依旧激荡人心，他的奉献与仁爱依旧感动国人。

丛飞，1969年10月出生于辽宁省盘锦市大洼县的一个贫困家庭，初二便被迫辍学回家。但执著的音乐梦想让他不畏艰难四处拜师学艺，最终考上沈阳音乐学院声乐系，后被著名歌唱家郭颂收为"关门弟子"。

1992年，张崇只身闯荡深圳。刚到深圳的时候，他做过搬运工、洗碗工。曾有一次，劳累过度的张崇晕倒在草地上。醒来后，他把名字改为"丛飞"，立誓要"从草丛中起飞"。其后，凭借出色的男高音和模仿技巧等才华，丛飞开始在深圳崭露头角并得到了深圳观众的喜爱。

一场义演，让丛飞走上了"爱心之路"并为此执著追求一生。1994年，丛飞参加了一场在四川成都举行的失学儿童重返校园的慈善义演。当时观众席上坐着几百名因贫困而辍学的孩子。童年的苦难经历让丛飞对这些孩子的学业和前途十分担忧，他当场捐出了所带的全部现金2400元。丛飞的慈善之路从此开始，并十几年如一日坚守，直到生命的终点。

刘家增是丛飞生前好友。这位记录了丛飞慈善活动和生活点滴的摄影师说："最初我也怀疑他只是一时冲动，但是他的慈善热情丝毫不减，他的爱心让我慢慢理解，逐渐尊重，最终完全被他所感动。"

刘家增说，早在丛飞开始其行善之旅时，他就与丛飞相识，但让他开始改变对丛飞看法的是在1998年。当时深圳团市委成立帮困救弱基金号召义捐，丛飞为此马不停蹄地义演了7场，不仅没有喊累，还把所有收入捐出来。

2003年，刘家增和丛飞等人去贵州，此行让刘家增"见识了丛飞在慈善上的疯狂"。刘家增说，丛飞不仅把自己身上的钱捐得一文不剩，还向同行的团友借钱捐助。在丛飞行善的十年里，他收养和资助的孩子达到183个。

"丛飞收养了这么多孩子，花费了几百万元，但其实他的生活并不宽裕。"刘家增说，丛飞常常收到一笔演出费后，就寄给贫困地区的孩子，自己根本存不下钱。丛飞家里有一个保险柜，里面不是现金或贵重物品，而是他资助的100多个孩子写给他的信和孩子们的照片。丛飞和妻女住在一间58平方米的房子里，家里唯一值钱的就是一架旧钢琴。

行善的道路也并非一帆风顺，面对各种不理解，丛飞义无反顾。刘家增告诉记者，2003年"非典"后，丛飞的演出机会锐减，收入也急剧减少。因寄钱时间延迟，部分受助孩子父母还曾对丛飞说了一些不理解的话。为了及时给孩子交上学费，丛飞向亲朋好友借钱，在开学前给孩子们送去。孩子们终于可以如期上学，但他们并不知道，丛飞已身背17万元的债务。

为了还清债务，丛飞更加辛苦地四处演出。十年时间，丛飞为助残、助学、赈灾所进行的义演超过了400场，义工服务时间达3 600多小时。

由于长时间超负荷工作，从2004年春天开始，丛飞的胃部经常剧烈疼痛，家人和朋友们都劝他住院治疗，但为省钱，丛飞只在门诊开了些口服药服用。2005年5月，丛飞被诊断为胃癌晚期。刘家增说："而当时丛飞妻子手里连住院需要的1万元钱都拿不出来，是我们几个朋友一起凑的。"

丛飞的仁爱善举也感动了社会。一位为病中的丛飞送去1万元捐款的小伙子说："丛飞用爱心感动了深圳，深圳人也要用爱心来温暖丛飞。"2006年4月20日，年仅37岁的丛飞不幸病逝。而按他遗嘱捐献的眼角膜让6个孩子重见了光明。

丛飞生前唯一的职务是深圳市义工联艺术团团长，他用自己的生命高贵地演绎了义工的博爱和慈善。丛飞走了，但是千千万万的人加入到了义工队伍，加入到了慈善的队伍。丛飞精神将薪火相传。